절망의 그늘을
통과하고 있는
바로 당신을
위한 이야기

어린 나귀,
요세프

고재경 글, 그림

어린 나귀, 요세프

글, 그림| 고재경
2015년 4월 1일 1판 1쇄

발행인| 지명자
발행처| 시크릿폰드(Secret Pond)
등록번호| 제2011-000036호, 2009 11. 27
주소| 대한민국 대구광역시 수성구 동원로 89-1
전화| 053-294-5965
팩스| 053-289-5965

ISBN| 978-89-963543-6-9 (03230)

삶은 우리에게 항상 질문을 던집니다.

우리는 어떻게든, 어떤 방식으로든

그 질문에 답을 해야 합니다.

불행히도,

그것이 옳은 답인지, 그른 답인지는

바로 알 수가 없습니다.

삶의 끝자락에서

어렴풋이 느낄 뿐입니다.

여러분 앞에 던져진 삶의 질문은 무엇입니까?

그리고 여러분은

그 질문에 어떻게

답을 하고 있습니까?

차례

안 나

눈부시게 파란 하늘 그 어딘가에서 시작된 바람이 푸른 초원을 헤치고 들어와 어느 숲속 바위틈에 피어 오른 새하얀 백합을 흔들었다. 그 바람에 꽃잎 하나가 툭하며 떨어졌다. 어린 나귀, 요세프의 맑은 눈이 떨어져 바람에 흩날리는 그 꽃잎을 따라가기 시작했지만 얼마가지 못해 방향을 잃고 말았다. 그것은 하늘 높이 떠오르더니 흔적도 없이 사라져 버렸기 때문이었다.

"뭘 그리 바라보고 있니? 요세프?"

요세프의 어머니는 인자한 미소로 자신의 아이를 바라보며 말했다. 요세프는 얼굴을 돌려 어머니에게 물었다.

"바람에 날려간 꽃잎이나 나뭇잎들은 어디로 가는 걸까요?"

그녀는 잠시 생각에 잠겼다가 나지막한 소리로 말했다.

"글쎄… 높은 하늘을 떠돌다가, 이름 모를 계곡이나, 숲속, 강, 혹 운이 좋아서 아주 멀리 간다면, 바다에 떨어져서… 없어지겠지…"

요세프의 눈에서 알 수 없는 두려움이 비쳤다.

"그럼, 원래 있던 곳으로는 돌아올 수 없는 건가요? 영원히?"

"아마… 그럴 거야."

"그렇게 되면… 영원히 서로를 다시 볼 수 없는 거잖아요. 날아간 꽃잎도, 남아있는 꽃잎도…"

"꼭 그렇지만은 않아, 요세프."

그녀는 약간 숨이 찬 듯, 잠시 쉬었다가 말을 이었다.

"꽃잎은 그렇게 없어지지만, 자연은 모두 연결되어 있어서, 언젠가는 바람으로, 언젠가는 비로, 또 언젠가는 흙으로 다시 만난단다."

그러나 요세프는 여전히 불안한 표정이었다. 어머니의 얼굴이 날아가 버린 꽃잎 같다고 생각했다.

거센 바람이 또 다시 숲을 뒤흔들었다. 어지럽게 흩날리는 나뭇잎을 헤치며 근심 가득한 표정의 카림이 다가왔다. 그는 요세프의 머리를 안쓰럽게 쓰다듬은 후, 엎드려 있는 어머니의 입과 눈, 목 주위를 조심스럽게 살펴보기 시작했다.

카림은 옆 마을에 사는 장로 원숭이였다. 요세프의 어머니가 며칠 전부터 높은 열이 나고 목 주위가 붓기 시작하더니, 어제부터는 걸을 수조차 없게 되자 요세프가 급히 그를 찾았던 것이다.

카림의 표정이 어두워졌다. 그 어두움은 두려움으로

바뀌었다. 요세프의 어머니가 체념한 듯 말했다.

"선생님, 그거죠?"

카림은 그녀의 얼굴을 내려다보며 천천히 고개를 끄덕였다. 요세프는 불안한 눈으로 카림과 어머니를 번갈아 쳐다보았다. 카림은 주저하며 어렵게 말문을 열었다.

"요… 요세프…"

요세프는 동그란 눈으로 카림을 뚫어져라 쳐다보았다. 카림의 낮고 우울한 목소리가 천천히 울렸다.

"요세프… 네가 태어나기 전 이 숲엔 나귀가 많이 살았단다. 나귀의 숲이라 불릴 정도였으니까. 그런데 나귀나 말에게만 옮는 지독한 전염병이 이 숲을 휩쓸었단다. 그 바람에 거의 모든 나귀들이 죽고 말았어. 겨우 살아남은 나귀들이 있긴 했는데, 네 어머니를 포함해서 말이다, 대부분은 이 마을을 떠나 버렸지. 하지만 그때 네 어머니는 너를 임신하고 있었기 때문에 여기에 남을 수 밖에 없었어. 너를 낳은 이후로도 계속 살게 됐던 거지. 그 이후로는 별일 없을 줄 알았는데, 결국 이렇게 걸리고 말았다니…"

"아… 아저씨…"

"요세프, 마음 단단히 먹거라. 이 병은 내가 어떻게 할 수 있는 것이 아니다. 정말 미안하다."

"그… 그럼 우리 어머니는…"

"요세프… 운이 좋으면 한 달 정도 사실게다… 그보다… 요세프, 네 어머니와 함께 있으면 위험하다. 이건 전염병이야."

요세프는 멍한 표정으로 카림을 한참 동안 쳐다보았다. 카림의 말이 자신에게 한 것이라는 사실을 한참 후에야 깨닫고는 다급하게 말했다.

"아, 안돼요. 어머니는 저랑 오래 오래 같이 살기로 했는데…"

요세프의 두 눈에서 커다란 눈물이 툭 거리며 떨어졌다. 어머니 앞이라 울지 않으려 안간힘을 썼지만 그럴수록 꺽꺽거리는 소리가 더 커졌다.

그녀는 눈물로 뒤범벅이 된 요세프의 얼굴을 만지려 하다가 멈칫했다. 아이를 보는 기쁨과 아이를 더 이상 볼 수 없게 되리라는 슬픔이 뒤섞인 표정으로 말했다.

"너무 슬퍼 말거라, 요세프. 모든 것에는, 그 모든 것의 이유가 있단다. 내가 병들어서 죽게 된 것도 다 이유가 있을 것이니… 울지 말거라, 나의 아가‥"

"싫어요! 싫어! 어머니, 죽지 마세요! 엉엉엉."

요세프는 어머니의 목을 안으려 했지만, 그녀는 외면하였다. 그것이 요세프의 가슴을 후벼 파 놓았다. 요세프는 진이 거의 다 빠지도록 울고 또 울었다.

요세프가 조금 진정되자 카림은 요세프를 숲 밖으로 불러내어 말했다.

"요세프, 떠나거라."

"예?"

"아까도 말했지만, 여기 있으면 위험하다. 너도 병에 걸릴지 몰라. 그러니까 당장 떠나거라."

"싫어요! 병에 걸려도 상관없어요! 그냥 어머니와 함께 있고 싶어요!"

카림은 요세프의 눈을 매섭게 쳐다보며 말했다.

"떠나라! 네 어머니를 위한다면 떠나서 네 어머니의

병을 고칠 방법을 찾아라! 알겠니?"

"예? 아저씨도 못 고치는 병을 내가 어떻게 고쳐요?"

"우마르라 불리는 무당 코끼리를 찾아라. 소문에 그가 수많은 짐승들의 병을 고쳐주었다더구나. 그를 찾아서 네 어머니의 상태에 대해 말해 보거라. 방법을 알고 있을지도 모르니까. 네 어머니는 내가 돌볼 테니 걱정 말고 당장 여기를 떠나라."

요세프는 눈물을 닦으며 말했다.

"저, 정말요? 어디서 그 분을 만날 수 있나요? 가르쳐 주세요."

카림은 북서쪽으로 나 있는 넓은 벌판 한 가운데로 가면 그를 만날 수 있을 거라고 가르쳐 주었다.

다음 날 요세프는 길을 떠났다. 그렇게 떠날 때도 카림은 단호했다. 요세프와 어머니 가운데에 서서, 서로 가까이 하지 못하게 가로막은 채 작별인사를 하도록 했다.

목이 더욱 심하게 부은 그녀는 목소리조차 내지 못하고 있었다. 요세프는 어머니의 목소리를 듣지 못한 것이 못내 아쉬워 자꾸 뒤를 돌아보았다. 어머니가 보이지 않을 때까지 돌아보고 또 돌아보았다.

우 마 르

요세프는 카림이 가르쳐 주는 방향으로 고개를 하나 넘고 넓은 평원을 가로질러 나아갔다. 뜨거운 태양이 머리 꼭대기에서 요세프를 향해 눈을 부릅뜨고 있었다. 요세프는 가쁜 숨을 몰아쉬며 평원을 걷고 또 걸었다.

지금껏 숲을 떠난 적은 한 번도 없었지만 요세프는 하나도 두렵지 않았다. 어머니의 병을 고칠 수 있다면 그 어떤 무서운 것도 이겨낼 수 있을 것 같았다.

꼬박 하루가 지나고, 어제와 꼭 닮은 태양이 또 다시 떠올라 요세프의 머리 위에서 불타오르고 있었다. 보이는 것이라고는 지평선뿐인 평원이라 아무리 걸어도 앞으로 나아가는 것 같지가 않았다. 요세프는 무심하기 짝이 없는 지평선을 원망하듯 바라보며 걸었다.

지평선이 심하게 요동치기 시작한 것은 요세프의 인내심이 거의 바닥에 닿으려고 할 때였다. 누군가가 마술이라도 부리는 듯, 지평선 아지랑이 사이로 커다란 나무 두어 그루와 코끼리들이 거대한 바위 덩어리처럼 모여 있는 것이 보였다. 가끔씩 툭 거리며 솟구쳐 오르는 코끼리의 코나 꼬리가 아니었다면 바위 무덤이라고 생각했을 것이다. 코끼리 무리는 비좁은 진흙탕 웅덩이에 몸을 담근 채 오후의 뜨거운 태양을 견디고 있었다.

코끼리 웅덩이는 그야말로 더러움 그 자체였다. 코끼리의 배설물과 진흙이 뒤엉켜서 악취가 진동했다. 코끼리들은 그 더러운 물을 코로 빨아들여 자신의 몸에 끼

엎었다. 물은 곧장 뜨거운 열기에 말라붙어 버렸으므로 그것은 그대로 코끼리의 똥이 되었다. 자연히 파리들이 그 멋지고 거대한 코끼리 똥으로 몰려들었다. 코끼리의 엉덩이가 온통 검푸른색으로 반짝이고 있던 것은 질서 정연하게 들러붙어 있는 오동통한 파리 때문이었다. 코끼리의 꼬리가 연신 날아와 엉덩이를 찰싹 거리며 때렸지만 파리 떼들은 날아가는 시늉만 할뿐 코끼리 엉덩이라는 그들의 지상최대의 낙원을 견고히 사수하고 있었다.

요세프는 웅덩이 물을 마시고 싶은 마음이 싹 가시고 말았다. 갈증이 났지만 참기로 했다. 대신 웅덩이 주위를 어슬렁거리다 웅덩이 가장 자리에서 고개만 물 밖으로 내민 채 졸고 있는 나이 많은 여자 코끼리에게 말을 걸었다.

"저기, 아주머니. 실례합니다."

꿈쩍도 하지 않았다. 몇 번이나 그녀의 코를 흔들어 보았지만 소용이 없었다. 다른 코끼리들은 죄다 엉덩이를 돌리고 있었기 때문에 요세프가 아무리 소리를 지르고 건드려도 반응이 없었다. 그저, "귀찮아!"라고 말하는 것 같은 코끼리 꼬리만이 신경질적으로 왔다 갔다 할 뿐이었다. 그들에게 요세프의 존재는 평범한 파리 한 마리의 존재와 그리 다르지 않았다. 요세프가 어떻게 하면 이 거대하고 둔해 빠진 코끼리들에게 말을 걸 수 있을까를 고민하던 중 어디선가 벼락같은 소리가 들렸다.

　－빠박! 빠박! 빠비박!

그 바람에 졸고 있던 여자 코끼리가 깨어났다. 그녀는 자신이 졸고 있던 것이 아니라 단지 눈을 감았다 떴다 하고 있었다는 듯, 커다란 눈을 과장되게 껌뻑이며 비몽사몽간에 말했다.

"어, 어서 오세요. 무엇을 도와드릴까요?"

친절했지만 왠지 사무적인 목소리였다.

"저… 아주머니, 우마르님과 이야기를 나누고 싶은데, 어떡하면 되죠?"

정신을 완전히 차린 늙은 여자 코끼리는 상대방이 어린 나귀인 것을 알고는 귀찮은 듯 건성으로 말하기 시작했다.

"우마르님을 만나려면 기다려야 해. 대기자가 많거든. 아우, 졸려."

요세프는 주위를 둘러보았지만 순서를 기다리는 환자가 있는 것 같지는 않아 보였다. 그저 더위에 축 늘어져 있는 코끼리들과 오동통한 파리떼 뿐이었다.

"아무도 없는데요?"

그녀는 헛기침을 하며 말했다.

"그, 그래도 기다려야 해. 기다리지 않고 우마르님을 만날 수는 없어."

"그건 왜 그렇죠?"

"우마르님은 이 시대 가장 위대하신 무당 코끼리니까."

"그래서요?"

"그리고 아주 부자이시고, 유명하시지."

"그런데요?"

코끼리는 어이가 없다는 듯 말했다.

"꼬마야, 이 시대 가장 위대하시고, 부자이시고, 유명하신 분을 기다리지 않고 만난다는 건 있을 수 없는 일이야. 무조건 기다려야 해."

요세프는 여전히 고개를 갸웃거리며 말했다.

"얼마나 기다려야 하는데요?"

"음… 사흘 정도는 기다려야 해."

"괜찮아요. 기다릴게요. 한 달까지는 기다릴 수 있어요."

"왜 하필 한 달이야?"

"그건…"

요세프는 한참동안 머뭇거리다 시무룩하게 말했다.

"카림님이 우리 어머니가 한 달 정도 밖에 사실 수 없을 거라고…"

코끼리는 잠깐 멈칫하더니 헛기침을 몇 번했다. 그리곤 갑자기 친절해진 목소리로 말했다.

"그, 그렇구나. 으흠, 오! 이런, 벌써 시간이 이렇게 지났구나. 이제 네 차례가 되었네. 우마르님을 만날 수 있겠어."

"아, 그래요? 감사합니다. 아주머니."

"우마르님을 만나기 전에 몇 가지 주의 사항을 알려줄게."

"그게 뭔데요?"

"우마르님께 말할 때는 반드시 '이 시대 가장 위대하신 무당 코끼리 우마르님'을 붙여야 해."

"이, 시, 대, 가, 장, 위, 대, 하, 신, 무, 당, 코, 끼, 리…"

"그래 잘했다. 그리고 우마르님 앞에서는 절대 방귀

를 꺼서는 안 된다."

"전 남 앞에서 방귀 뀌지 않아요."

"트림을 해서도 안 된다."

"전 남 앞에서 트림 하지 않아요."

"우마르님보다 코를 높이 휘둘러서도 안 된다."

"제 코로는 그렇게 할 수가 없는 걸요."

코끼리는 요세프를 잠깐 내려다보더니 이해가 된 듯 고개를 끄덕였다.

"흠, 그렇군. 그리고 음… 염치없는 소리를 해서도 안 되고, 소리를 질러서도 안 돼. 그 분 앞에서 더러운 꼴을 보여서도 안 된다. 예를 들어 커다란 귀지나 코딱지를 파내서 먹거나, 지독한 입냄새를 풍기는 것 말이야. 또… 우마르님 보다 재미있는 농담을 해서도 안 되고, 물론 더럽게 재미없는 농담은 더더욱 안 되지. 그리고, 멋진 척 해서도 안 되고, 착한 척 해서도 안 되고…"

늙은 여자 코끼리는 그 이후로도 한참 동안이나 안 되는 것들에 대해 말했다. 요세프가 다섯 번째 한숨을 쉬었을 때 그 '안 되고'가 끝이 났다.

"… 유식한 척 해서도 안 돼. 꼭 명심하거라, 알겠지?"

요세프는 반가운 마음으로 고개를 끄덕였다.

"좋아. 그럼 웅덩이에 들어가서 너의 더러운 몸을 씻도록 하여라. 우마르님이 오시기 전에."

요세프는 '이게 더 더러운 물인데요'라고 하려다가 그녀의 '안 되고'가 처음부터 다시 시작 될까봐 냉큼 웅덩이 속으로 들어갔다. 코끼리 똥 냄새가 코를 찔렀다. 그녀는 요세프가 웅덩이에 얌전히 들어가 있는 것을 확인하고는 물웅덩이 가운데로 사라졌다. 요세프는 그녀가 사라지자 재빨리 웅덩이 밖으로 나와서 몸을 털었다. 하지만 온 몸에서 작렬하는 코끼리 똥 냄새 때문에 파리떼가 몰려들기 시작했다. 요세프는 '이시대가장위대하신무당코끼리우마르님'이라고 중얼거리며 파리 떼를 피해 겅충거렸다.

"너냐? 나를 찾은 게?"

어느새 우마르가 거대한 그림자를 만들며 물웅덩이 가장자리에 떡 버티고 서 있었다. 우마르는 '고작 너 같은 것이 나를 찾아?'하는 표정으로 요세프를 내려다보았다. 우마르는 극단적으로 뚱뚱하였다. 심지어 귀마저 뚱뚱했는데 그 두께가 자신의 뒷다리만하다고 요세프는 생각했다. 요세프는 그 거대한 몸뚱이에 압도되어 말하기 전에 반드시 붙여야 한다는 말을 몽땅 다 잊어버리고 말았다.

"예, 예… 저, 저…우마‥, 저, 대위하신… 어버버…"

생긴 것보다도 더 성격이 급한 우마르는 빨리 빨리 말하라며 코를 크게 휘둘렀다. 그 기세에 요세프는 주눅이 들어 더욱 기어들어가는 목소리로 말했다.

"저… 우리 어머니가… 편찮으셔서… 그래서… 위대한 코끼리, 우마르님께서 그 병을 좀… 고, 고쳐주셨으면 해서요…"

우마르는 멍한 표정으로 요세프를 내려다보았다. 엄청나게 실망한 표정이 더러운 가죽기름처럼 흘러 내렸다. 요세프가 적어도 부자가 아니라는 점에서는 의심의

여지가 없었기 때문이었다.

"미안하다, 꼬마야. 내 비서가 실수를 한 것 같구나. 난 지금 잠시 일을 쉬고 있단다. 그만 돌아가거라."

우마르는 무심한 표정으로 거대하고도 뚱뚱한 몸을 너무나도 날렵하게 돌렸다. 요세프는 어이가 없었지만 더욱 정중히 머리를 조아리며 불쌍한 표정으로 간청했다. 꼭 붙여야 한다던 말도 확실히 정리가 되었다.

"이 시대! 가장 위대하신! 무, 무당 코끼리이신 우, 우마르님. 제발 부탁이니 우리 어머니의 병을 고쳐주십시오!"

그러자 우마르는 다시 코를 휘두르며 버럭 화를 냈다.

"아니, 이 꼬마가 왜 나를 귀찮게 하는 것이냐! 썩 꺼지지 못해? 난 휴가 중이란 말이야!"

요세프는 화가 나서 미칠 지경이었지만 우마르가 아니면 어머니의 병을 고칠 다른 방법이 없었으므로 치밀어 오르는 화를 꾹꾹 눌렀다.

"위, 위대하신 우마르님, 제발 이렇게 부탁드립니다.

제 어머니의 병을 고쳐주신다면 무슨 일이든 하겠습니다. 제발 고쳐주십시오."

화를 참으며 머리를 조아리던 요세프는 자신의 처지가 불쌍하기도 하고 병든 어머니의 모습도 생각 나서 눈물을 흘렸다. 그 모습을 본 우마르의 표정이 조금 누그러지는 것 같더니, 비굴한 미소를 입 안 가득 머금으며 말했다.

"정말 어떤 것이든 할 자신이 있느냐?"

요세프는 눈물을 훔치며 세차게 고개를 끄덕였다. 주위에 있던 코끼리들도 어색한 미소로 다행이라는 듯 요세프를 따라 고개를 끄덕였다. 우마르는 거만한 표정으로 뚱뚱한 어깨에 힘을 잔뜩 준채 물웅덩이를 나왔다. 그 순간 또다시 벼락소리가 들렸다.

– 빠빅! 빠빅! 빠바빅!

동시에 우마르의 엉덩이 뒤쪽으로 더러운 물과 진흙 덩어리가 튀어나갔고 그 바람에 코끼리 몇 마리가 벌러덩 나자빠졌다. 그건 다름 아닌 우마르의 방귀소리였다. 우마르는 개의치 않고 쿵쿵거리며 다가오더니, 요세프의 등에 그 뚱뚱하고도 더러운 코를 턱 걸치고는 잡아끌기 시작했다. 우마르의 코가 어찌나 무겁던지 요세프의 다리가 후들거렸다. 둘은 마치 산책이라도 하듯 나란히 걸었다. 멀리서 봤다면 사이가 아주 좋다고 생각되었을 것이다.

물웅덩이로부터 멀리 떨어진 것을 확인한 우마르는 아까와는 달리 의기소침해진 목소리로 말했다. 표정도 슬퍼 보이기까지 하였다.

"꼬마야, 있잖아. 사실, 내가 지금 휴가, 중인 건, 말이다. 어쩔, 수 없어서 그런 것이야. 내가 쉬고 싶어서, 쉬는 것이 아니란다."

"예? 그게 무슨 말씀이세요? 아, 참, 이 시대 가장 위대하신⋯"

"아, 그건 집어치우고!"

그는 요세프에게 거대한 얼굴을 들이밀며 말했다. 말하는 중간 중간에 트림을 해댔기 때문에 역겨운 입냄새가 풍겨왔다.

"내 능력이, 없어져 버렸어. 이런 제길!"

"무슨 능력이요? 이 시대 가장, 아, 참."

"병 고치는 능력이지! 무슨 능력은 무슨 능력이야! 이 멍충아! 그거 하지 말라니까!"

우마르가 별안간 소리를 버럭 질렀다. 요세프는 앞이 캄캄해졌다. 위대한 우마르를 믿고 여기까지 왔는데, 하필이면 병 고치는 능력이 없어졌다니!

"아, 안돼요. 안 돼. 왜 그런 거예요?"

"불의 신님께서 더 이상 내 기도를 들어주시지 않아."

"불의 신님요? 그게 뭔데요?"

"이런 무식한 놈을 보았나! 넌 불의 신님도 모르느

냐?"

우마르의 불호령에 요세프는 또 다시 주눅이 들었다.

"이 세상을 움직이는 불의 신님! 그 분이 우리의 병을 고쳐주시지! 이렇게 더운 것도 다 불의 신님 덕택이라고!"

요세프는 눈이 동그래졌다.

"그러면… 우마르님께서 직접 병을 고치신 것이 아니었어요?"

"그건! 그…, 아, 아니야! 거의 내가 고친 거나 다름없어! 불의 신님은 나에게만 병 고치는 능력을 주셨어! 나에게만 말이다! 그러니 내가 고친 것이나 다름없어! 제길!"

끝도 없이 잘난 척하던 우마르는 갑자기 자신의 처지를 깨달은 듯 시무룩해졌다. 요세프는 급속도로 우울해져버린 우마르에게 조심스레 말했다.

"그런데… 지금은 그 병 고치는 능력이 없어졌다는 말씀입니까?"

우마르는 불쌍하게 고개를 끄덕였다.

"그렇다… 이런 제길. 그 양반에게 무슨 일이 생긴 것이 분명해. 하여튼, 난 지금 아주 곤란한 처지에 놓여 있단 말이다. 알겠느냐?"

물웅덩이에서는 한 없이 거만하던 우마르가 지금은 굉장히 초라하다고 요세프는 생각했다.

"휴가도 하루 이틀이지, 지금 내 상황이, 좀, 심각해. 나의 신도들마저 내 능력을 의심하기 시작했단 말이다. 어떤 녀석은 대놓고 이 우마르님을 무시한다니까. 이런 제길! 젠장!"

"그러면, 제가 뭘 해야 하는 거죠?"

우마르는 드디어 하고 싶은 말을 하게 되었다는 표정을 지으며 요세프에게 그 커다랗고 뚱뚱한 얼굴을 들이밀었다. 이번에는 시궁창 냄새가 났다.

"네가 그 분께 가서 나 대신 부탁을 해다오. 나 우마르의 기도를 다시 들어달라고 말이다. 그분이 주무시거들랑 깨우든지, 아니면 협박을 하든지, 수단 방법을 가리지 말고 말이야."

요세프는 뜨악하는 표정을 지었다.

"예에? 제, 제가요?"

"그렇지, 네가 가는 거지. 내 이름만 대면 그 분은 아실 게야. 내가 그분의 능력으로 얼마나 많은 병을 고쳤는데! 허험. 내가 다시 병을 고칠 수 있는 능력을 갖게 되면 네 어미의 병은 수 백 번이라도 고쳐줄 수 있다. 그것도 공짜로!"

요세프는 조금은 이해된다는 표정을 지었다가 다시 커다란 근심꺼리가 들이닥친 표정으로 물었다.

"그런데, 그 불의 신님이라는 분은 어디에 사시는데요?"

우마르가 다시 소리를 빽 질렀다.

"당연히 나는 모르지!! 내가 그걸 어떻게 알아!!"

요세프는 어이가 없었다.

"그러니까 어디에 사시는지도 모르는 불의 신님을 찾아가서, 위대하신 무당 코끼리, 우마르님께서 다시 병을 고칠 수 있도록 부탁하라고요? 제가요?"

"그렇지! 바로 그거다! 녀석, 보기보다 똑똑하군. 으하하. 하지만! 불의 신님을 만나더라도 네 어미의 병을

고쳐달라고 직접 그분께 빌어서는 절대 안 된다. 알겠
냐?"

"그건 또 왜죠?"

"불의 신님은 나, 위대한 우마르만 인정하시기 때문
이지! 으하하하!"

요세프는 마뜩찮은 표정으로 우마르를 올려다보았다.
그러자 우마르가 또 소리를 질렀다.

"왜? 하기 싫으냐? 하기 싫으면 관둬라!"

요세프는 우마르가 염치없는 말을 할 때마다 소리를
지른다는 것을 깨달았다.

"아, 아닙니다. 해, 해볼게요. 그리고… 부, 부탁드립
니다. 그러니 제발 제 어머니의 병을 고쳐주세요."

우마르는 그때서야 너그러운 체하는 표정을 지으며
그 뚱뚱한 코로 요세프의 등을 토닥거렸다.

"그렇지 꼬마야. 생각 잘 했다. 잘 했어. 꼭 불의 신
님을 찾아서, 내가 하라는 대로 해다오. 그래서 내가 다
시 모든 생명체들의 존경을 한 몸에 받을 수 있도록 말
이다. 으하하하! 알았지?"

요세프는 고개는 끄덕였지만 너무나 막막했다. 반면 기분이 급속도로 좋아진 우마르는 또다시 물웅덩이 교주의 모습이 되어 물웅덩이 쪽으로 걸어가기 시작했다. 그러다 뭔가 생각 난 듯 요세프를 돌아보며 큰 소리로 말했다.

"꼬마야! 북쪽으로 조금만 더 가면 커다란 산이 있어. 그 산 중턱에 있는 붉은 동굴을 찾거라. 거기에 나디아라고 하는 잘난 척 하는 박쥐가 살거다. 그 여자에게 내가 처한 상황과 네가 해야 할 일에 대해 말해 보거라. 널 도와줄지도 몰라. 뭐, 아닐 수도 있고. 성격이 그리 썩 좋은 편은 아니거든. 어쨌든, 뭐, 대충, 잘 가라."

말을 마친 우마르는 커다랗고 뚱뚱한 몸을 모질게 돌렸다. 요세프는 그의 거대한 엉덩이에 대고 소리쳤다.

"알겠어요! 해볼게요! 그러니까 우리 어머니의 병은 꼭 고쳐 주셔야 해요! 알았죠?"

우마르는 요세프의 간절한 외침에 너무나도 무심히 돌아보았다. '저 나귀새끼가 왜 내게 말을 걸지?'하는

표정으로 요세프를 물끄러미 쳐다보다, 아무 말 없이
물웅덩이 쪽으로 걸어가 버렸다. 그때도 그는 엉덩이로
벼락소리를 냈다.

　－빠박! 빠박! 빠바박!

나 디 아

요세프는 우마르의 물웅덩이를 뒤로 한 채 북쪽으로
걸었다. 벌판에서 하룻밤을 보내고 다음 날도 걸었다.
오른편에 있던 태양이 어느새 왼편으로 누우면서, 파랗
고 붉고 노란 아름다운 노을을 만들어주었다. 붉은 동
굴이 있다는 산도 노을의 무자비한 침범으로 다채롭게
물들었다. 요세프는 그 아름답고도 쓸쓸한 노을에 물들
며 산을 올랐다. 요세프의 긴 그림자가 요세프의 오른
쪽에서 힘겹게 따라가고 있었다.

어느새 어둑어둑해진 하늘 아래로 뭔가가 휙휙 거리며 날아다녔다. 박쥐 떼였다.

"저… 안녕하세요!"

박쥐들은 예의 바르게 인사하는 요세프는 거들떠보지도 않은 채 어두운 하늘을 지그재그로 날아다니며 포동포동하게 살이 오른 풍뎅이나 잠자리를 잡아먹고 있었다. 요세프는 안 되겠다 싶어 소리를 질렀다.

"저기요! 나디아님을 만나러 왔어요!"

　　그러자 검은 빛깔의 조그만 박쥐 하나가 요세프 쪽
으로 날아오며 말했다.

　　"꼬마야! 이 숲으로 좀 더 들어가면 붉은 동굴이 있
어. 거기에 있을 거야. 그런데 그 여자는 왜 찾니?"

　　"부탁할 게 있어서요."

　　박쥐는 깔깔거리며 웃었다.

　　"뭐? 그 여자한테 부탁을 한다고? 깔깔깔. 그 여자는
누구의 부탁을 들어주는 애가 아니야. 자기 밖에 모르
는 이기주의자라고나 할까. 깔깔깔. 아마 아무도 없는
동굴에서 자기 혼자 이 세상의 모든 똑똑한 척은 다 하

고 있을 거다. 깔깔깔."

박쥐는 끊임없이 깔깔 거리며 박쥐 무리가 있는 곳으로 날아가 버렸다. 요세프는 깔깔 박쥐가 가르쳐준 방향으로 걸었다. 숲에 완전한 어둠이 내리자 밤벌레와 밤짐승들이 몰려나오기 시작했다. 마치 숲 전체가 수다쟁이가 되어버린 듯 했다. 요세프는 성가신 숲의 치근덕거림을 견디며 붉은 동굴을 향해 나아갔다.

이윽고 '붉은 동굴'이란 곳이 보였다. 왜 붉은 동굴이라고 불리는지 알 것 같았다. 동굴 깊은 데서부터 붉은 빛이 은은히 비치고 있었기 때문이었다. 요세프는 동굴 안으로 고개만 들이민 채 기어가는 목소리로 말했다.

"저… 나디아님…"

동굴 안에서는 아무런 소리도 들리지 않았다.

"아… 아무도 안 계세요?"

몇 번을 불러 보았지만 들리는 것이라고는 반사되어 되돌아오는 요세프 자신의 목소리뿐이었다. 나디아란 박쥐도 어디론가 날아가 버린 것 같다고 생각한 요세프가 몸을 돌리려고 할 때, 그때를 기다렸다는 듯 또랑또랑한 목소리가 들려왔다.

"저런 멍충이들 틈에 끼어서 나의 이 고귀함을 훼손하면서까지 날아다니고 싶지는 않아. 품격이라는 게 있지. 차라리 나 혼자 여기서, 내가 독보적으로 소유하고 있는 삶의 지혜를 명상의 방법으로 교양 있게 승화시키는 편이 나아. 그렇지?"

요세프는 들리는 소리만큼이나 혼란스럽게 두리번거렸다. 그때 회색 빛깔의 박쥐 하나가 어둠 속에서 나타나더니 어지럽게 팔락거리며 땅에 내려앉았다.

"혹시… 나디아님이세요?"

"호호호, 그래 내가 나디아야. 이 동굴에서 썩기에는 지나치게 지적인 박쥐지. 넌 내 이름을 어떻게 아는 거지? 내가 그렇게 유명해진건가. 오호호호. 역시 나의 이 지적인 명성은 그 지리적 한계를 모르는 것 같아. 그렇지 않니? 오호호."

"아… 예, 예."

요세프는 어색한 웃음을 지었다.

"그런데 넌 왜 나를 찾는 거니?"

요세프는 우마르가 일러준 대로, 그가 처한 상황과 자신이 해야 할 일에 대해 말했다.

"아… 그 뚱뚱이가 그랬단 말이지. 내 그럴 줄 알았다. 병 몇 번 고쳐준 것 가지고 되게 잘난 척 하더니 꼴좋구나. 모름지기 잘 나갈수록 겸손해야 하는 법이야."

"우마르님은 불의 신께서 자신의 기도를 더 이상 들어주지 않는다던데요. 그런데 그 분이 어디에 사시는지는 모른데요."

"그래서, 그 일을 네게 떠넘겼고 말이다."

요세프는 울상을 지으며 고개를 끄덕였다.

"하여튼 그 녀석은 자신이 하기 싫은 것을 남한테 떠넘기는 고약한 버릇이 있다니까. 하긴, 너무 뚱뚱해서 물웅덩이에서 열 걸음도 못 걸을 게 확실하긴 하지만."

나디아는 다시 펄럭거리며 날아오르더니 요세프 앞에 있는 바위 위에 내려앉았다. 그녀는 한쪽 날개 손으로 짙은 회색 앞머리를 윤기가 나도록 닦으며 말했다.

"그래서 넌 그 뚱뚱이가 찾아달라는 불의 신을 찾아나선 것이고 말이야."

요세프는 울먹거리며 고개를 끄덕였다. 나디아는 한동안 고개를 좌우로 갸웃거리며 찬찬히, 요리조리 요세프를 살펴보다가 물었다.

"넌, 착한거니? 어리숙한거니?"

"헤헤헤, 저도 잘 모르겠어요. 그저 어머니의 병을 빨리 고쳐드리고 싶을 뿐이에요."

"쯧쯧… 어리석은 것. 넌 그 자식한테 엮인 거야."

"예? 엮이는 게 뭐죠?"

"서로 얽매이는 거지. 누가 누구를 도와주고 하는 것 말이야. 난 그렇게 엮이는 것이 정말 싫어. 흥!"

"누구를 도와주는 것은 좋은 것이 아닌가요?"

"절대적으로 그렇지 않아. 관계만 지저분해 질 뿐이야. 누가 누구를 도와주고 나면 은근히 도움 받기를 원하지. 그러지 못하게 되면, 괜한 상처를 받는다구. 애초에 아무도 도와주지도, 도움을 받지도 않는 게 좋아. 깔끔하지. 난 깔끔한 게 좋아. 지저분한 건 싫어. 찝찝해."

"그러면 나디아님은 한 번도 남을 도와주거나, 남에게서 도움을 받은 적이 없나요?"

"그럼! 당연하지. 단연코 없다구!"

나디아는 남에게 도움을 주지도, 남에게서 도움을 받지도 않은 것을 굉장히 자랑스럽게 여기는 듯 했다. 요세프는 왜 나디아가 박쥐무리가 빠져나간 빈 동굴에 혼자 덩그러니 남아 있었는지 알 것 같기도 하였다.

"하지만, 도움을 받지 못한다고 해도, 남을 도와주는 것은 좋은 것 같아요."

요세프의 말에 나디아는 비웃듯 대답했다.

"그래서, 도와주려고? 그 돌팔이를?"

요세프는 말없이 희미한 미소만 지었다.

"네가 도와 준 다음에 그 뚱뚱이가 널 모른 척 하면 어쩌려구?"

요세프는 불안한 눈빛으로 나디아를 바라보았다.

"그… 그래도…"

요세프는 그렇게 되더라도 도와줄 수만 있다면 그러

고 싶었다. 그래서 우마르가 다시 병을 고칠 수 있으면 그것만이라도 좋겠다고 생각했다.

그때 나디아의 귀가 잠깐 꿈틀거리는 것 같았다. 그녀는 한 동안 물끄러미 요세프를 바라보았다. 약간의 충격을 받은 것 같기도 했다.

"넌… 정말…, 바보로구나…"

무슨 이유에서인지 나디아의 말투가 아까와는 달라져 있었다. 무척 느렸고, 약간 부드러웠다. 그것은 예상치 못한 꾸지람을 들었을 때 나오는 말투였다.

"넌… 정말…, 그 자식을 도와주고 싶은 거구나…"

"예? 저…그러니까…"

"얘야, 있잖아. 불의 신님이 어디에 있는가는 정확히 모르겠지만 말이다, 이 세상을 움직이는 커다란 불덩어리가 어디에 있는지는 알지. 호호호."

어쩐 일인지 요세프가 더 물으려 하기도 전에 나디아가 먼저 다가서며 말했다. 여전히 잘난 척하는 말투였지만 아까보다는 훨씬 따뜻하게 들려왔다.

"큰 불덩어리요? 그게 어디 있는데요?"

나디아가 땅을 가리키며 말했다.

"이, 땅, 속, 깊, 숙, 이."

요세프는 눈을 동그랗게 뜨며 말했다.

"이 땅 깊숙이 커다란 불덩어리가 있어서, 그것이 이 세상을 움직인단 말이죠?"

나디아는 그 불덩어리가 자신의 것인 양 아주 자랑스럽게 고개를 끄덕였다.

"나디아님은 그걸 어떻게 아세요?"

"봤으니까. 엄청나게 커다란 불덩어리가 땅 속 깊은 곳에서 빙글거리며 돌고 있지."

요세프는 신기한 듯 고개를 갸웃거렸다.

"땅 속이 보인다구요?"

나디아는 환한 미소를 지으며 말했다.

"요세프, 사실 나 같은 박쥐는 눈으로 사물을 보지 않아. 눈으로는 거의 못 보니까."

"예? 눈으로 보지 못하면 어떻게 앞을 봐요?"

"소리로!"

요세프는 소리로 앞을 본다는 말이 이해가 되지 않

아 고개를 갸웃거렸다.

　"넌 이해가 안 되겠지만, 박쥐는 박쥐만이 가지고 있는 특수한 소리를 통해 본단다. 소리는 눈으로 보지 못하는 것들을 볼 수 있게 해주지."

"어떤 것들을요?"

"넌 지금 뭘 볼 수 있지?"

"음… 나디아님이랑, 동굴 입구, 별, 나무들… 그런데 어두워서 잘 안보여요."

"그렇지? 깜깜할 때나, 뭔가에 가려져 있거나, 너무 멀거나 할 땐 잘 안 보이지?

"네, 그래요."

"하지만 우리는 특수한 소리를 발사해서 그것이 반사되어 오는 것을 느낌으로써 보게 되는 거란다. 깜깜해도, 뭔가에 가려져 있어도, 멀리 있어도 볼 수가 있는 거야."

"우와~! 그렇군요. 신기해요! 그러면, 지금 뭐가 보이세요?"

나디아가 고개를 까딱거렸다. 거의 동시에 그녀의 귀가 빠른 속도로 진동했다.

"박쥐들이 큰 바위 위를 날아가고 있어. 그 바위 밑에서 두더지가 땅을 파고 있구나. 그리고 그 옆에 서 있는 나무가 바람에 흔들리고 있어. 그리고…"

나디아는 아까처럼 한동안 요세프를 물끄러미 바라보았다.

"지금… 너의 마음도 보여. 심장이 어떻게 뛰고 있는지, 얼마나 불안해하는지… 얼마나 슬퍼하는지… 그리고 얼마나 순수한지 말이다."

나디아는 요세프를 안아주고 싶다고 생각했다. 그녀는 펄럭거리며 날아오르더니 요세프의 등위에 가볍게 앉았다. 그리고는 날개를 쫙 펴서 요세프의 등을 안아주었다. 요세프는 기분이 좋아졌다. 집을 떠난 후 처음으로 받는 위로였고 따뜻함이었다. 힘을 얻은 요세프가 쾌활하게 말했다.

"나디아님, 그 땅 속 불덩어리가 있는 곳으로 가려면 어떻게 하면 돼요?"

나디아는 동굴을 가리키며 말했다.

"저 동굴을 따라 내려가면 돼."

"우와! 정말요? 당장 가볼래요."

"그런데 요세프, 문제가 하나 있단다."

"그게 뭐죠?"

"땅 속 불덩어리는 너무나 뜨거워. 이 세상 모든 것을 모조리 다 녹일 만큼 말이야. 너무 가까이 다가갔다가는 흔적도 없이 다 녹아 버릴 텐데, 괜찮겠니? 그리고 그 곳에 불의 신님이 있다는 보장도 없고."

요세프는 나디아의 말에 조금 두려워졌지만 이내 씩씩하게 말했다.

"그래도 한 번 가보고 싶어요. 안되면 어쩔 수 없지만 시도라도 해봐야죠."

나디아는 요세프의 제법 용감한 말에 감동했다. 자신도 무서워서 한 번도 깊이 내려가 본적이 없었기 때문이었다.

"알았어. 요세프, 나도 같이 가줄게."

"예? 같이 가주시겠다고요? 저를 도, 도와주시겠다고요?"

나디아는 약간 부끄러워하는 표정으로 요세프를 바라보며 고개를 끄덕였다. 요세프는 신이 나서 나디아의 주위를 겅충거리며 뛰었다.

요세프와 나디아는 붉은 동굴로 들어갔다. 얼마 동안은 시원한 느낌이 들었다. 동굴 안쪽에서 비쳐오는 붉은 빛도 은은하게 빛나는 정도였다. 요세프는 이 정도라면 그렇게 위험하지는 않겠다고 생각했다. 나디아도 약간 들떠 있었다. 앞으로 날아갔다가 다시 돌아오곤 하면서 어떤 길로 가야 할지를 요세프에게 알려주었다.

하지만 깊이 들어갈수록 길은 거칠어지기 시작했다. 거의 낭떠러지 같은 내리막길과 깊이를 알 수 없는 물웅덩이가 그들의 앞을 가로막기도 했다. 그래도 동굴 안쪽으로부터 붉은 빛이 계속 비쳐왔기 때문에 완전히 깜깜하지는 않았다. 앞서 가던 나디아가 요세프를 돌아보며 웃으며 말했다.

"요세프, 남을 도와주는 것이 기분 좋은 일이구나."
요세프는 그런 말을 하는 나디아를 바라보며 환한 미소를 지었다.

"그런데 나디아님, 왜 갑자기 저를 도와주시기로 한 거죠?"

나디아는 잠시 머뭇거리다가 말했다.

"왜, 너에게 엮이었냐구? 호호호."

요세프는 고개를 끄덕였다. 나디아가 요세프의 등에 내려앉으며 말했다.

"박쥐는 서로의 마음을 본단다. 서로가 어떤 마음인 지를 대충 알 수가 있어. 자신을 싫어하는지 좋아하는 지. 그런데 언제부턴가 다른 박쥐들에게서 나에 대한 안 좋은 마음들이 보이기 시작하더구나. 그때부터 나도 내 마음을 닫아버렸지."

"먼저 다가가서 다시 친하게 지내자고 말하면 되잖 아요."

"그게 싫었어. 그러면 왠지 지는 것 같았거든."

요세프는 나디아의 입에서 나온 미세한 한숨을 느낄 수 있었다.

"사실, 난, 다시 친하게 지내고 싶었어. 내가 먼저 다 가가서 그렇게 말하고도 싶었고. 그런데… 두려웠어. 그 들에게서 거절당할까봐… 혼자가 되는 게 죽도록 싫었 지만…"

나디아는 잠시 말을 하지 않았다. 아니, 못했다. 요세프는 그런 나디아를 돌아보지 않았다.

"오히려, 내가, 혼자여야 하는 정당한 이유, 혼자라도 전혀 상관없다는, 그런 증거를 끊임없이 만들어야 했어. 혼자인 것을 나는 괴로워하지 않는다, 그게 내겐 지극히 정상이다, 라는 걸 보여주려고… 그럴수록 차가워졌고, 남들을 모질게 대할 수 밖에 없었지. 결국 난 더 철저히 혼자가 되어 버렸어…"

나디아는 잠시 마음을 가다듬다가 요세프를 바라보며 말했다.

"마음을 본다는 것은, 마음을 안다는 것은 어쩌면 아주 잔인한 일이야."

"그랬군요…"

"그런데 말이다, 요세프. 너 같은 마음은 처음 봤어. 내가 아무리 모질게 말해도, 넌 여전히 나를… 따뜻하게 생각하고 있었잖아. 심지어 우마르 녀석까지 도와주려하다니. 너를 그냥 보내면, 난 또 다시 이 어두운 동굴에서 영원한 외톨이가 될 것 같다는… 그런 두려움이 생긴 거야. 또 다시 절벽 끝에 혼자 덩그러니, 그렇게 끝도 없이… 서 있어야 하는… 그런 두려움 말이야…"

요세프는 모두 나가버린 캄캄한 동굴에서 혼자 있어야 했던 그녀의 외로움이 느껴지는 것 같았다.

"나디아님은 원래 남을 도와주는 걸 좋아해요. 그렇죠?"

나디아는 웃으며 고개를 끄덕였다.

한참을 더 내려가자, 갑자기 뜨거운 공기가 훅 거리며 올라오기 시작했다.

"공기가… 갑자기 뜨거워졌어… 거, 거의 다 내려온 것 같아. 나도 여기까지는 와 보지 않았는데…"

나디아가 가쁜 숨을 몰아쉬며 말했다. 그녀의 목소리가 떨렸다. 두려워하고 있는 것 같았다. 요세프가 오히려 괜찮을 거라고 말하며 용감한 척 앞장섰다. 하지만 동굴 깊숙한 곳에서부터 이상한 소리가 들리기 시작하자 요세프 또한 멈칫거렸다. 거대한 짐승의 울음소리 같기도 했고, 돌 같은 것이 부딪히는 소리 같기도 했다.

하지만 되돌아 나가고 싶지는 않았다. 두려움을 꾹 참고 길을 더듬으며 앞으로 앞으로 나아갔다.

한참을 더 내려가자 동굴은 좁은 터널로 이어졌다. 그리고 그 끝에 붉은 눈 같은 것이 보였다. 그 눈은 끊임없이 꿈틀거리며 요세프와 나디아를 노려보는 것 같았다.

"나, 나디아님… 저, 저게 뭘까요? 우리를 노려보고 있는 것 같아요… 혹시 저게 불의 신님이 아닐까요?"

나디아는 요세프가 무엇을 보고 그렇게 두려워하는지 알지 못했다. 나디아가 보는 것과 요세프가 보는 것이 달랐기 때문이었다.

"요세프, 내가… 보기에는, 콜록 콜록. 거대한 절벽, 그리고 그 밑으로, 콜록 콜록. 뭔가가 꿈틀거려…"

"그래요? 우와! 뭔가 꿈틀거린다면… 불의 신님이 확실해요!"

요세프는 눈 같이 보이는 것, 꿈틀거리는 것이 불의 신이라고 확신하며 좁은 터널을 거의 달려가다시피 하였다.

"요세프! 기, 기다려!"

나디아가 다급히 불렀지만 소용이 없었다. 요세프는 붉은 눈을 향하여 정신없이 뛰어갔다. 붉은 눈에 가까워질수록 얼굴은 타는 것 같았고 뜨겁고도 탁한 공기 때문에 숨이 막혀왔다.

하지만 요세프가 붉은 눈이라고 믿었던 것은 그저 터널이 끝나는 지점이었다. 터널 바깥에서 스멀거리며 올라오는 붉은 색 연기가 그 가짜 눈을 더욱 실감나게 만들었을 뿐이었다.

터널의 끝에서 가까스로 멈춘 요세프는 조심스레 터널 바깥으로 고개를 내밀어 보았다. 허연 연기 같은 것과, 그 사이 사이로 도깨비불 같은 것이 끊임없이 아래에서부터 밀려 올라오고 있었다. 절벽 아래로는 시뻘건 불인지 물인지 모를 것들이 꾸역거리며 흘러내렸다. 그것까지 확인한 요세프는 터널 안쪽으로 쓰러졌다.

얼굴과 눈이 타버린 것만 같았다. 숨도 제대로 쉴 수 없었다. 눈을 비비자 더 따가워졌다. 그런데 문득, 나디아가 너무 조용하다는 생각이 들었다.

"나디아님!"

힘겹게 몸을 일으킨 요세프는 주위를 돌아보았지만 늘 옆에 있던 나디아가 보이지 않았다. 불안해진 요세프는 왔던 길을 되돌아가며 소리를 질렀다.

"나디아님! 나디아님! 어디계세요?"

요세프는 동굴을 거슬러 올라가면서 목이 터져라 외쳤다. 그때 어디선가 나디아의 희미한 목소리가 들렸다.

"요, 요, 요세프…"

나디아는 붉은 눈을 처음으로 발견한 곳에 쓰러져 있었다.

"나디아님! 왜 그러세요?"

나디아는 축 늘어진 채 겨우 입을 열었다.

"요세프, 난… 지금… 죽을 것만 같아… 수… 숨을 쉴 수가… 없…"

나디아는 말을 다 하지 못하고 고개를 떨구었다. 요세프는 다급히 나디아를 흔들었지만, 그녀는 축 늘어진 채 요세프가 흔드는 대로 흐느적거릴 뿐이었다.

"아, 아, 아, 어떡하지, 어떡하지…"

요세프는 나디아 주위에서 어쩔 줄을 몰라 하며 왔다 갔다 했다. 어떡하든지 여기서 빠져나가야겠다고 생각했다.

"주, 주, 죽지마세요, 나디아님! 괜히 저 때문에… 엉엉."

요세프는 어머니가 죽을병에 걸렸다는 말을 카림으로부터 들었을 때처럼 막막했다. 고심 끝에 나디아의 날개를 입으로 살짝 물어서 들어 올렸다. 날개가 찢어

지지 않도록 무는 힘을 조절해야 했다. 그리곤 천천히 동굴을 오르기 시작했다. 물풀처럼 축 늘어진 나디아를 입으로 문채 올라가야 했기 때문에 숨 쉬기가 무척 힘들었고 턱이 빠질 것 같았다. 몇 걸음 가지 못해 나디아를 땅에 내려놓고는 헐떡거리기를 수차례. 나디아의 상태가 더욱 나빠지는 것 같아 오래 쉴 수도 없었다.

"헉, 헉, 헉"

결국 요세프마저 쓰러졌다. 그 바람에 나디아도 땅바닥에 쳐 박혀 버렸다. 요세프는 바닥에 뻗은 채 가쁜 숨을 몰아쉬었다. 턱과 발은 마비된 듯 굳어버렸다. 더 이상 단 한 걸음도 올라갈 수 없을 것 같았다.

그때였다. 아주 얇은 한 줄기의 서늘한 바람이 요세프의 코에 닿았다. 분명 동굴 안의 공기와는 완전히 다른 온도와 냄새였다. 워낙 미세한 공기의 흐름이라 이렇게 쓰러져 있지 않았다면 그냥 지나쳤을 것이었다. 요세프는 힘겹게 몸을 일으켜, 그 미세하고도 선선한 바람이 어디로부터 오는지를 살펴보았다.

동굴 한 쪽 벽으로부터 실낱같은 빛이 비쳐 들어오

는 것이 보였다. 요세프의 발치에 있었기 때문에 잘 보이지가 않았던 아주 좁은 통로로부터 들어오는 빛이었다. 아마도 작은 동물들이 드나드는 곳인 듯 했다.

'빛? 우린 깜깜할 때 들어왔는데?'

요세프는 잠시 이상하게 생각했지만, 나디아와 동굴 안을 헤매고 있을 때 날이 밝았다는 것을 깨달았다. 그 빛은 눈부신 아침 햇살이었던 것이다. 요세프는 거기에 주둥이를 들이밀고 신선한 공기를 흠뻑 들이마셨다.

"살았다! 살았어!"

요세프는 나디아가 쓰러져 있는 쪽으로 다시 뛰어와 그녀의 날개를 입으로 물어 끌어당겼다. 엉덩이를 바깥쪽으로 하여 잔뜩 웅크린 채 좁은 통로를 기었다. 서른 걸음 정도 밖에 안 되는 거리였지만 몇 번을 쉬어야 했는지 몰랐다. 요세프의 온몸은 뜨거운 흙과 땀으로 범벅이 되어 버렸다.

통로는 가면 갈수록 좁아졌는데 그나마 입구는 돌무더기로 막혀 있었다. 요세프는 엉덩이와 뒷발로 돌무더기를 밀면서 나아갔다. 거의 다 나왔다고 생각했을 때,

돌무더기가 한꺼번에 무너져 내렸고, 그 바람에 요세프
와 나디아는 어딘가로 떨어지고 말았다.

조 슈 아

"정신이 좀 드니?"

어디선가 희미한 목소리가 들리는 듯 했다. 요세프는
눈을 껌뻑였다. 강한 햇살이 요세프의 눈을 간지럽혔다.

"정신이 좀 드냐?"

아까보다 더욱 선명하게 들려왔다. 하지만 요세프는
자신이 어디에 있는지, 자신에게 무슨 일이 있었는지,
그리고 자신을 부르고 있는 목소리가 누구의 것인지 알
지 못했다.

"이봐, 꼬마야. 괜찮냐?"

목소리는 더욱 선명해져서 어른의 굵은 목소리라는 것을 알 수 있었다. 그제야 요세프는 나디아와 동굴에서 있었던 일과, 동굴을 빠져 나온 후 기억이 없다는 것을 깨달았다.

요세프는 후다닥 몸을 일으켰다. 웬 큼직하고 시커먼 독수리가 요세프를 물끄러미 쳐다보고 있었다.

"아악!"

"으헉!"

요세프는 독수리를 보고 놀라 소리를 질렀고, 독수리는 요세프가 지른 소리에 놀라 소리를 질렀다.

"어! 아저씨는 누구세요? 나디아님은요?"

"나디아라면… 아, 그 조그만 박쥐 말이냐?"

요세프는 이 독수리가 나디아를 먹어버린 것은 아닐까 하는 의심과 경계의 눈초리로 노려보았다. 그때 뒤에서 나디아의 목소리가 들렸다.

"요세프, 이제 깨어났니?"

요세프는 나디아를 돌아보며 외쳤다.

"나디아님! 괜찮으세요? 어떻게 되신 거에요?"

나디아는 환한 미소를 지으며 날아와서 요세프의 등
에 앉았다.

"고맙다, 요세프. 네가 날 구한거야. 너 아니었으면 난 동굴 안에서 죽었을 거야."

요세프는 나디아를 보기 위해 고개를 뒤로 돌리며 울먹거렸다.

"나디아님, 이제 괜찮으신거죠? 괜히 저 때문에…"

"아니야, 요세프. 나 때문에 불의 신님을 찾지도 못 하고… 내가 더 미안해."

요세프와 나디아는 한 동안 서로 자기가 잘못했다면 서 울었다. 그 모습을 한참 바라보던 독수리는 헛기침 으로 점점 잊히고 있던 자신의 존재를 알렸다. 나디아 는 그때서야 그를 요세프에게 소개시켜 주었다.

"아, 요세프, 인사하렴. 동굴에서 굴러 떨어져서 강에 빠진 우리를 이 분이 구해주셨어. 이름이…"

"조슈아요. 에헴"

"그래, 조슈아님."

요세프는 고개를 숙이며 조슈아에게 인사했다.

"감사합니다. 조슈아 아저씨, 감사합니다. 정말 감사 합니다."

조슈아는 요세프에게 미소 지으며 말했다.

"그런데 저 위험한 붉은 동굴 안에서 왜 헤매고 있었던 거냐? 언제 용암이 터질지도 모르는데. 용암이 터지면 어떻게 되는지 아니? 모든 것이 녹아 버린단다. 완전 무서워, 생각만 해도 끔찍해."

"용암이 뭐에요?"

"용암이 뭔지도 모르면서 거기를 헤매고 다녔다는 거냐? 너 제정신이 아니구나?"

나디아가 조슈아를 잠깐 흘겨보고는 요세프에게 친절히 설명했다.

"용암이란, 땅 속 불덩어리의 열 때문에 돌이 녹아서 된 강이란다."

"우와~ 돌도 녹아요?"

요세프는 동굴 안에서의 뜨거운 느낌이 다시 되살아나는 것 같았다. 나디아가 조슈아를 바라보며 말했다.

"이 아이가, 불의 신을 만나야 해요."

"불의 신? 그런 게 있나요? 그런데 불의 신은 왜 찾아요?"

나디아는 요세프 대신 그간의 일을 조슈아에게 설명해주었다. 어디에도 엮기기 싫다던 나디아가 자신의 일처럼 나서 주었다. 그런 나디아가 요세프는 무척이나 고마웠다.

나디아의 이야기를 듣던 조슈아가 요세프를 돌아보며 말했다.

"그랬구나. 네 어머니가 큰 병에 걸리셨구나. 그런 전염병에 걸리면 살아남을 수가 없다던데… 벌써 돌아가셨으면 어떡하지? 빨리 집으로 가봐야 하는 것 아니냐? 불쌍해… 너무 안됐어."

조슈아의 설레발에 요세프는 거의 울상이 되어버렸다.

"이봐요! 아이 앞에서 말 좀 가려가면서 하라구요!"

보다 못한 나디아가 조슈아를 쏘아붙였다. 조슈아는 진심으로 부끄러워하면서 말했다.

"아, 미안해요. 나도 염려가 되어서 말이요. 요세프, 하여튼, 넌 참 용감한 아이구나."

"아니에요, 아저씨. 어머니가 아프시면 누구라도 그

럴 거예요."

조슈아는 요세프의 말에 아주 잠깐 멈칫했다.

"그, 그렇겠지. 누, 누구라도 그렇게 하겠지⋯ 간혹, 그렇게 하지 못하는 경우도 있고⋯."

조슈아는 겸연쩍은 듯 날개를 한 번 폈다가 천천히 접으며 다시 걱정거리를 쏟아내었다.

"저 땅 밑에 불의 신이 있다는 보장도 없잖아. 그것도 너무 위험하고 말이야. 가끔씩 산에서 연기가 나기도 하던데. 그러다가 산 전체가 활활 타오르면 어떡하니? 그냥 포기하는 게 좋을 거야."

그 말에 요세프는 더욱 시무룩해졌다.

"땅 밑 말고, 불의 신이 있을만한 곳이 없을까요? 아저씨?"

"글쎄다. 불덩어리야 저 위에도 있긴 한데⋯"

요세프는 조슈아가 가리키는 하늘을 쳐다보았다. 태양이 강렬하게 빛나고 있었다.

"태양 말인가요? 저것도 불덩어리에요?"

"당연하지!"

"하지만 태양은 땅 속 불덩어리만큼은 뜨겁지 않잖아요. 더 작은 것 같고요."

"아하하, 요세프. 그건 네가 잘 못 알고 있는 거란다. 태양은 땅 속의 불덩어리보다 엄청나게 크고, 엄청나게 뜨거워. 단지 아주 멀리 떨어져 있기 때문에 그렇게 보이는 것뿐이야."

"그래요? 얼마나 멀리 있는데요?"

"우리가 가장 멀리 갈 수 있는 곳보다도 훨씬 더 멀리 있지."

"그걸 어떻게 알아요?"

조슈아는 눈을 가늘게 뜨며 뜬금없이 말했다.

"요세프, 이쪽으로 와 보거라."

요세프는 영문도 모른 채 조슈아에게로 다가갔다.

"요세프, 잘 보거라. 네가 이쪽으로 왔을 때 바로 옆의 나무는 어떻게 보이더냐?"

"저를 스쳐 지나갔죠. 당연히."

"그렇지? 우리와 가까이 있는 것은 말이다. 우리의 움직임에 따라 그 위치가 아주 많이 변한단다."

요세프는 앞뒤로 왔다갔다하며 이해가 된 듯 고개를 끄덕였다.

"좋아. 그럼 아까 그 자리로 갔다가 다시 내게로 와보거라. 이번엔 저 위의 태양을 보면서."

요세프는 조슈아가 시키는 대로 했다.

"태양은 어떻게 움직이지?"

"저랑 완전히 똑같이 움직여요."

"그렇지? 우리가 움직일 때, 우리와 함께 움직이는 것은 우리에게 붙어 있는 것이거나, 아니면 아예 아주 멀리 떨어져 있을 때 뿐이란다."

"우리와 같이 움직이는 것은 우리에게서 아주 멀리 떨어져 있다고요?"

조슈아는 훌륭한 선생의 표정으로 웃으며 대답했다.

"그렇지, 요세프"

"왜 그런거죠?"

"그거야… 당연히, 멀리 있기 때문이지. 멀리 있기 때문에 우리와 같이 움직이는 거란다."

"멀리 있으면 왜 우리와 같이 움직여요?"

그는 여전히 훌륭한 선생의 표정으로 웃으며 설명했다.

"그거야… 당연히, 같이 움직이기 때문이지. 같이 움직이는 것은 멀리 있다는 의미가 돼."

"왜, 같이 움직이면 멀리 있는 거죠?"

"그거야… 당연히, 요세프! 너 지금 나랑 싸우자는 거냐!"

결국 훌륭한 선생의 표정을 잃어버린 조슈아가 화가 난 듯 날개를 푸드덕거렸다. 이 광경을 묵묵히 지켜보던 나디아가 깔깔거리며 아는 척을 했다.

"조슈아님, 그런 걸 순환오류라고 하지요."

"수, 순환오… 그게 뭐요?"

조슈아와 나디아는 한동안 티격태격하다 요세프를 바라보았다. 요세프는 울고 있었다. 나디아가 당황하여 물었다.

"요세프? 무슨 일이니? 갑자기 왜 울어?"

"그, 그냥요…"

조슈아는 자신의 화난 척 한 행동이 요세프를 울렸

다고 생각했다.

"요세프! 하하하! 장난이었어. 그런 걸로 왜 울고 그래? 하하하."

요세프는 눈물을 닦으며 말했다.

"아, 아니에요. 그게, 아니라… 멀리 있으면 같이 움직인다는 아저씨 말이…"

"응? 그게 왜? 그게 널 화나게 했니?"

"좋아서요. 너무 좋아서… 눈물이 나요."

조슈아는 머리를 긁적거렸다. 나디아도 이해가 안 되기는 마찬가지였는지 요세프와 조슈아를 번갈아 쳐다보았다. 요세프는 눈물을 닦으며 쾌활하게 말했다.

"에헤헤. 죄송해요. 괜히 어머니 생각이 나서요. 어머니와 전 지금 멀리 떨어져 있다고만 생각했는데, 멀리 떨어져 있어서 같이 움직인다는 아저씨 말이 너무 좋아서요. 에헤헤."

조슈아와 나디아는 그제야 고개를 천천히 끄덕였다. 둘은 요세프를 따뜻하게 바라보았다. 문득, 조슈아가 요세프를 웃게 해주고 싶었던지, 특유의 잘난 척 하는 목소리로 말했다.

"아, 요세프! 우리 독수리들은 죽음의 기운을 잘 느낀단다. 아하하. 멀리서도 죽음의 기운이 마치 검은 구름처럼 퍼지는 것을 볼 수 있어. 검은 구름이 피어오르는 곳으로 가면 어김없이 죽은 것이나 죽어 가는 것을 찾을 수 있지. 죽은 것은 맛있게 먹고, 죽어가는 것은 죽을 때까지 기다린단다, 아하하하하. 멋지지? 아하하하!"

조슈아는 이야기를 끝내고는 아차 싶었다. 나디아는 생풀을 뜯어먹는 표정으로 조슈아를 쳐다보고 있었고, 요세프는 그 옆에서 토하고 있었다. 조슈아는 멋쩍게 웃으며 말했다.

"맛이 그런대로 괜찮아, 친구. 아하하하하하."

조슈아가 기분 좋게 웃자 둘도 같이 따라 웃기 시작했다. 어느새 태양은 정오를 지나고 있었다.

상쾌한 바람이 숲을 노래하게 했다. 셋은 이런 저런 이야기를 주고받으며 화창한 오후를 즐겼다. 하지만 그

즐거운 시간은 그리 오래가지 못했다. 그 동안 잊고 있었던 요세프의 숙제가 다시 생각났기 때문이었다. 요세프가 한숨을 내쉬며 말했다.

"불의 신은 어디에 있을까요? 땅 속으로 가기에는 너무 뜨겁고, 하늘로 가기에는 너무 먼 것 같고…"

"꼭 불의 신만 신인건 아니지 않냐? 다른 신님께 부탁해 보는 것은 어떨까. 어차피 신이라면 우리가 바라는 것을 들어주시는 분이니까."

조슈아의 말에 요세프의 눈이 동그래졌다.

"그럼 다른 신도 계신건가요?"

"그야 당연하지. 우리 같은 날짐승들은 바람의 신을 섬기지."

"바람의 신요?"

"사실, 불보다 더 강한 것이 바람이란다. 바람은 불을 꺼뜨릴 수도 있고, 더 활활 타오르게도 하지. 또 구름을 움직여서 태양을 가려버리기도 하고, 결정적으로 말이다, 나 같은 날짐승들을 저 하늘 위로 날게 해준단다. 바람이 없다면 나는 아무 것도 할 수가 없을 거야."

마침 바람이 휙 거리며 셋을 스쳐 숲 속으로 사라졌다. 마치 '나에 대해 이야기하고 있니?'라고 묻는 것 같았다. 셋은 바람의 상쾌한 흐름을 한 동안 느꼈다. 조슈아가 말했다.

"바람은 신비 그 자체야. 비록 보이지는 않지만 누구나 느낄 수 있지. 언제나 어디에나 나타났다가 사라져. 언제 나타났는지도, 또 언제 사라졌는지도 몰라. 없는 것 같다가도 문득 있지."

요세프가 벌떡 일어나 조슈아에게 다가서며 말했다.

"바람의 신! 그래요! 바람의 신님을 찾으러 가요! 적어도 뜨겁지는 않을 거잖아요. 지나치게 멀지도 않을 테고!"

나디아도 펄럭거리며 날아올랐다.

"바람의 신! 왠지 멋질 것 같아. 요세프!"

"그런데 어떻게, 어디서 바람의 신님을 찾을 수 있을까요?"

"바람이 불어오는 방향을 거슬러 가면 되지 않을까?"

"맞아요! 하지만… 바람은 이쪽에서 불다가도 갑자기 저쪽에서도 불어오기도 하는데… 그때마다 우리가 가는 방향을 바꾸어야 하나요?"

나디아는 요세프의 제법 날카로운 지적에 고개를 끄덕였다.

"그렇구나… 요세프, 바람은 제 멋대로 부니까…"

그때 조슈아가 우주의 비밀을 알고 있기라도 한 듯한 표정으로 말했다.

"아니야! 제멋대로가 아니야! 하하하."

조슈아는 이런 말을 할 수 있다는 것이 무척이나 자랑스럽다는 듯 낮고 굵은 목소리로 말하려고 노력하였다.

"요세프! 땅 근처에서 부는 바람은 제멋대로인 것 같지만, 높은 곳에서 부는 바람은 항상 서쪽에서 동쪽으로 분다구. 누군가가 서쪽에서 바람을 끊임없이 만드는 것 같단 말이야. 바람의 신은 분명! 서쪽 끝에 있는 것이 분명해! 아하하하!"

요세프는 존경심이 가득한 눈으로 조슈아를 바라보

며 힘차게 말했다.

"그럼! 아저씨! 아저씨는 빠르게도, 높이도 날 수 있으니까? 바람이 시작되는 곳에 가보셨겠네요!"

조슈아는 기겁하는 표정으로 요세프에게 말했다.

"내가? 왜? 거기를 왜? 서쪽으로 가는 길이 얼마나 멀고, 얼마나 위험한 지도 모르는데? 내가 거길 왜 가냐? 난, 여기가 좋아. 낯선 곳은 싫어."

나디아가 조슈아를 삐딱하게 쳐다보며 말했다.

"당신! 독수리 맞아요? 무슨 독수리가 그렇게 겁이 많은 거에요?"

요세프도 고개를 끄떡이며 나디아의 말에 맞장구를 쳤다.

"맞아요. 전 독수리라면 저 높은 하늘을 훨훨 날아다니며 정말 멋지게 사는 분인 줄 알았는데… 다 그런 건 아닌가봐요. 죽은 고기나 먹고, 걱정도 많고, 말도 많고, 독수리라고 하기에는 좀… 아저씨는… 뭐랄까, 독수리가 아니라 그냥 새 같아요."

나디아와 요세프는 서로를 쳐다보며 고개를 끄덕였

다. 조슈아의 얼굴이 거의 벌겋게 되어 버렸다.

"요세프! 그건 오해야. 나디아, 그건 아니요. 나의 참
모습을 보지 못해서 그런거요! 내가 그대들을 아주 용
감하게 강에서 구했잖소!"

나디아는 머리를 더욱 삐딱하게 기울이며 말했다.

"우리가 정신을 잃었을 때 벌어진 일이라 잘 모르겠
는데요? 요세프, 넌 기억나니?"

　　요세프도 고개를 저었다. 조슈아는 화가 난 나머지 요세프의 머리 높이만큼 날았다 앉았다 했다. 그러다 버럭 소리를 질렀다.

　　"좋소! 내가 서쪽 끝으로 데려다 주지! 그러면 되겠지?"

　　나디아는 조슈아에게는 보이지 않도록 요세프에게 살짝 윙크하며 쾌활하게 말했다.

"좋아요! 서쪽으로 가보자구요!"

이제 일행은 엉겁결에 합류한 독수리, 조슈아까지 셋으로 늘어났다. 조슈아는 자신이 비겁한 독수리가 아님을 증명이라도 하려는 듯 끊임없이 공중을 빠르게 왔다 갔다 했다. 그럴 때면 요세프와 나디아는 서로의 얼굴을 보며 키득거렸다. 또 그는 자신이 아주 유능한 사냥꾼임을 보여 주려고 갖가지 먹을 것을 두 발톱 가득 쥐고 오기도 했는데, 대부분은 죽은 생쥐나 부패한 고깃덩어리 같은 것이었다.

셋은 강을 건너고, 바위산을 오르고 또 산 능선을 따라서 걸었다. 험한 산길을 꼬박 사흘을 오르자 널따란 고원이 눈앞에 펼쳐졌다.

셋은 동시에 "우와!"하는 탄성을 지르며 고원에 펼쳐진 아름다운 석양을 바라보았다. 마치 세상의 마지막 때, 마지막 태양이 그의 마지막 숨을 거두며 강렬한 붉은 피를 온 사방에 뿌려대고 있는 것 같았다.

"우와와와!"

조슈아는 하늘 높이 떠올라 서쪽으로부터 불어오는 태풍과 같은 바람을 전면으로 받으며 멋지게 활강하기 시작했다. 여전히 요세프와 나디아를 의식하는 것 같아 보였지만 처음보다는 훨씬 자연스러웠고, 여행하는 것 자체를 즐거워하고 있는 것이 분명했다.

"조슈아님! 내려 오세요! 오늘은 여기서 자야겠어요!"

"오케이!"

조슈아는 거친 바람을 가르며 나디아와 요세프가 앉아 있는 바위 사이로 순식간에 내려앉았다. 성공적으로 착지한 것을 기념하듯 날개를 교양 있게 접었다.

석양은 금세 어두움으로 물들었고, 그 위로 별들이 반짝이기 시작했다. 셋은 한 동안 아무 말 없이 그 황홀한 밤하늘의 보석들을 바라보았다. 신비한 어두움을 배경으로 쏟아지는 별빛이란 것은 그것을 바라보는 존재들이 그들의 속마음을 드러내도록 마법을 부리기 마련이다. 그 마법에 현혹되어버린 조슈아가 말했다.

"요세프, 사실, 난, 너처럼 용감하지 못해. 나디아가
말한 것처럼 난, 겁쟁이가 맞아."

"네?"

"난 병든 어머니를 남겨둔 채 고향을 떠날 정도로
비겁한 놈이야. 내가 자랐던 고향은 긴 가뭄 때문에 먹
이가 별로 없었거든. 어머니는 굶으시면서 나를 먹이셨
지. 우리 가족은 그렇게 근근이 버텼어. 하지만 가뭄은
갈수록 더 심해졌고 어머니도 더 이상 먹이를 잡아오지
못하게 되셨어. 날 기력조차 없어지신 거지. 난 그때 마
침 날 수 있게 돼서… 그런 어머니를 버려두고… 거
길… 떠났어. 한 스무날을 쉬지 않고 날았던 것 같아.
사막을 건너다시피해서 거기, 바람 숲을 발견하게 됐던
거야. 거긴 풍족하진 않지만 그래도 먹이 걱정은 없으
니… 어머니가 걱정되긴 했는데… 다시 돌아가긴 싫었
어. 그 긴 비행을 다시 할 자신이 없었거든. 아마, 우리
어머니는 돌아가셨을 거야…"

조슈아는 한참동안 말이 없다가 슬픈 표정으로 요세

프를 바라보며 조용히 말했다.

"그런데 요세프, 넌 어리지만, 이 아저씨가 존경하고 싶을 만큼 정말 용감하구나. 널 존경해. 이건 진심이야."

한동안 아무도 말이 없었다. 조슈아의 날갯짓 소리가 유난히 크게 들렸다. 요세프는 잘난 척하면서 말하거나, 용감한 척 날갯짓을 하거나, 심지어 공중을 빠른 속도로 비행할 때조차도 느낄 수 있었던 조슈아의 우울한 그림자가 무엇 때문이었는지 알 것 같았다. 요세프도 고향에 두고 온 어머니가 생각났다. 요세프의 큰 눈에 눈물이 가득 고였다. 밤하늘의 별빛이 춤을 추었다.

제 카 리 아

다음날 셋은 고원의 내리막길로 들어섰다. 내려가는
길은 올라온 길 보다 더 험했다. 다시 사흘 정도를 힘
들게 내려오자 내리막길이 끝나고 평평한 길이 시작되
었다.

다시 한나절을 걸었다. 산길을 걸을 때보다는 훨씬
편했지만 그것도 잠시, 완만한 오르막이 다시 시작되었
다. 셋은 또 다시 산으로 올라가지 않았으면 좋겠다고

생각했다. 느려터진 일행과 보조를 맞추느라 답답했던 조슈아가 공중으로 높이 날아오르더니 탄성을 질렀다. 요세프가 조슈아를 올려다보며 외쳤다.

"아저씨! 바람의 신님이 계신 거에요?"

"아냐! 그건 아닌데! 완전 멋져!"

나디아와 요세프도 덩달아 신이 나서 언덕을 한 달음에 뛰어 올라갔다. 언덕배기에 올라선 나디아와 요세프가 동시에 "우와!"하고 소리를 질렀다. 언덕 아래로 대지에 드러누운 또 하나의 하늘이 펼쳐져 있었다. 마치 두 개의 하늘이 맞닿아 있는 것 같았는데, 위의 하늘은 멀어지는 푸른색이었고 밑의 하늘은 다가오는 푸른색이었다.

"이야! 물이 이렇게 많이 모여 있는 건 처음 봐요! 여기가 말로만 듣던 바다인가? 어머니가 바닷물은 소금처럼 짜다던데… 먹어봐야지. 야호!"

요세프는 한 걸음에 달려가 물에 첨벙 뛰어들었다. 물을 몇 모금 마셔보더니 고개를 갸웃거렸다.

"응? 짜지 않은데? 그냥 물인데?"

그러면서 요세프는 벌컥거리며 그 동안의 갈증을 신나게 채웠다. 나디아와 조슈아도 날아와 물을 마셔보았다.

"어, 그러네. 이상 하네…"

"여긴 바다가 아니라 호수다. 쿨럭."

셋이 동시에 소리 나는 쪽으로 돌아보았다. 거기에는 늙은 낙타가 나무그늘에 배를 깔고 엎드려 있었다. 낙타 주위에는 인간들이 사용한 것 같은 오래된 물건들이 잔뜩 쌓여 있었는데, 깨진 그릇이며 가죽 끈, 지팡이, 헝겊조각, 신발, 나무로 된 연장이나 쇠붙이 같은 것들이 종류별로 구분되어 정리되어 있었다.

"예에? 이게 호수라구요? 진짜 크다. 우와~"

셋은 경이로움으로 바다 같은 호수를 마음 한껏 바라보았다. 그러다 요세프는 늙은 낙타에게로 다시 고개를 돌리며 말했다.

"그런데… 할아버지는 누구세요?"

"그러는 너희들은 누구냐?"

"저희들은 바람의 신을 만나러 저기 동쪽에서 산을

넘어 왔어요."

"바람의 신? 바람의 신이라… 들어본 것 같기도 한데… 아, 그래! 서쪽 끝에 바람의 신이 산다는 전설이 있었지."

"우와! 진짜요?"

셋은 놀라워하며 늙은 낙타를 쳐다보았다.

"그런데, 여기서 너무 멀다. 큰 바다가 가로막혀 있어서 육지를 돌아서 가야해. 족히 여섯 달은 걸릴 것이다."

요세프는 거의 사색이 되어서 물었다.

"여기서 여섯 달씩이나요? 거기가 어딘데요?"

"인간들이 이탈리아 반도라고 부르는 땅이지. 그리고 너희들은 골란고원을 넘어왔을 테고, 여긴 갈릴리 호수다."

셋은 늙은 낙타의 해박한 지식에 놀라움을 금치 못했다.

"할아버지는 이 세상에 대해 많이 아시네요. 우와."

늙은 낙타는 미소조차 짓지 않은 채, 감탄해마지않는

요세프를 거만하게 내려다보며 말했다. 조슈아는 그런 늙은 낙타의 행동이 마음에 들지 않는 눈치였다.

"그런데 바람의 신은 왜 찾는 게냐?"

나디아는 차근차근 요세프에게 일어났던 일을 모두 말해주었다. 가만히 듣고 있던 늙은 낙타가 천천히 말했다.

"저런, 마역(馬疫)에 걸린 게로구나."

요세프는 어머니가 걸린 병의 정확한 이름까지 말하는 늙은 낙타를 경이로운 표정으로 바라보며 말했다.

"할아버지는 그런 걸 어떻게 다 아세요?"

늙은 낙타는 여전히 웃지 않은 채 자신의 지식을 자랑하듯 설명했다.

"우리 가문은 예언자 집안이다. 아주 오래 전부터 인간 예언자를 섬겼어. 그 덕에 인간들과 이 세상에 대해 아주 많은 지식을 가질 수 있게 된 것이지. 내 이름이 제카리아인 것도, 우리의 조상이 제카리아라는 고대의 예언자를 모셨기 때문이었다."

요세프가 다시 물었다.

"예언자가 뭐에요?"

"야후웨의 음성을 듣는 사람들을 말하는 것이다."

"야후웨가 뭔데요?"

늙은 낙타는 요세프의 집요한 질문이 약간 귀찮아졌지만 여전히 자신의 지식을 자랑하는데 의미를 두며 차근차근 설명했다.

"야후웨는 인간들이 부르는 신의 이름이지. 이 세상의 모든 것을 만들었다고 전해지는 유일한 신의 이름."

"예에?"

셋은 동시에 동그란 눈으로 서로를 쳐다보았다. 요세프가 말했다.

"야후웨라는 신이 이 세상 모든 것을 만들었다고요? 혼자서요? 어떻게요? 이렇게 크고, 저렇게 많은데?"

"더 대단한 것을 알려주마. 전설에 따르면, 야후웨님은 이 세상 모든 것을 단 7일 만에 만드셨단다."

"7일만에요? 에이, 말도 안돼요."

"더 말이 안 되는 걸 말해줄까?"

"그게 뭔데요?"

"이 모든 것을 그 분의 입에서 나오는 말로 만들었다는 것이다. 쿨럭."

"말로 이 세상을 만들어요? 에이, 정말 말도 안 돼요."

나디아는 의심이 가득한 표정으로 따지듯이 말했다.

"입에서 나오는 말이 어떻게 하늘이 되고, 산이 되고, 바다가 되고, 물고기가 되고, 들짐승이 되고, 새가 될 수 있죠? 어떻게요?"

제카리아는 경멸하는 표정으로 나디아를 내려다보며
말했다.

"말이란 것은! 네가 생각하는 것보다 엄청난 힘을
가지고 있지. 쿨럭."

셋은 멀뚱거리는 눈으로 제카리아의 다음 말을 기다
렸다.

"들어 보거라. 우리가 다른 이들을 움직이게 하는 것이 무엇일까. 너희 세 명은 모두 무엇 때문에 함께 다니는 거지? 누가 끌고 왔느냐?"

셋은 서로를 쳐다보며 피식 웃었다. 나디아가 말했다.

"서로 말을 했죠. 이 아이의 처지가 어떠한지, 나와 조슈아씨는 그 말을 들어주었고요."

"그것 보거라. 친구를 움직이는 것은 바로 말이란다. 나도 내 친구들에게 도와달라거나, 어떤 것을 빌려달라거나, 먹을 것을 좀 달라고 하면 그대로 해 준단다. 말은 친구들을 움직일 수가 있어."

요세프가 머리를 갸웃거리며 말했다.

"하지만 이 세상이, 산이나, 바다가 말을 알아들을 수 있나요? 산아 움직여!"

요세프는 산이 움직이기를 기다리는 시늉을 했다. 그리곤 산이 조금도 꿈쩍거리지 않는다는 것이 아주 놀랍다는 듯 말했다.

"봐요, 안 움직이잖아요."

제카리아가 껄껄거리며 웃었다. 대화를 시작한 후 처음으로 웃는 것 같았다. 또 처음으로 요세프를 바라보는 제카리아의 표정에서 늙은이로서의 자연스러운 인자함이 묻어나왔다.

"얘야, 야후웨님의 입에서 나오는 말은 다르단다. 야후웨님이 사용하는 말은 우리의 것과는 달라서 산이나 바다, 하늘, 태양, 달, 심지어 바람조차도 알아듣는단다."

요세프가 고개를 조금 끄덕이며 말했다.

"그러면, 세상과 야후웨님은 친구 사이인가요?"

"껄껄껄, 그럴지도 모르지. 분명한 것은 그 분은 이 세상을 무척 좋아하셨다는 거다."

셋은 다시 서로를 쳐다보았다. 조금이나마 이해가 되는 것 같기도 하였다. 요세프는 그 어느 때보다도 굳은 확신이 섰다. 제카리아가 말하는 야후웨라는 신은 이 세상 모든 것을 만드신 분이니, 우마르가 다시 병을 고칠 수 있게 하는 것은 물론, 직접 어머니의 병을 고쳐 달라고 할 수 있겠다는 생각도 들었다.

"할아버지, 할아버지. 어떻게 하면 야후웨님을 만날

수 있는 거죠? 그분은 어디에 계시죠? 네?"

제카리아의 얼굴이 갑자기 굳어졌다. 그리곤 깊은 한숨을 쉬며 말했다. 쭈글쭈글한 눈 밑 주름의 골이 더욱 깊어지는 듯 했다.

"꼬마야. 안됐지만, 야후웨님은 더 이상 이 세상과 대화를 하지 않아."

"아까는 이 세상을 무척 좋아한다고 하셨잖아요?"

"그랬지. 그런데 변하셨다."

"왜요? 왜 변하신거에요?"

"그게 다 못된 인간들 때문이다. 인간들이 야후웨님의 말을 듣지 않고 죄를 많이 지었던 모양이야. 그 때문에 야후웨님은 화가 많이 나셨다. 우리 조상에게서 대대로 전해지는 이야기에 따르면 말이다, 그분께서 얼마나 화가 나셨던지 커다란 홍수를 일으켜서 세상의 거의 모든 사람들과 동물들을 한꺼번에 죽여 버리신 적도 있었다."

제카리아의 목소리는 덤덤했지만, 이야기를 듣고 있던 셋은 무서워졌다. 나디아는 요세프의 등에서 바들거리며 떨었다. 요세프가 더듬거리며 말했다.

"그, 그래요? 그렇다면… 우리 같이 보잘 것 없는 것들은 상대도 해 주시지 않겠네요?"

"아마도… 그렇겠지. 그렇게 무시무시한 분이 너희들에게 신경이라도 쓰겠느냐, 쿨럭."

"그, 그래도…"

요세프는 실망했지만, 속으로는 '야후웨, 야후웨'하고 되뇌었다.

"할아버지, 아까 예언자는 야후웨님의 음성을 들을 수 있다고 하셨잖아요. 그러면 그분께 이야기도 할 수 있나요?"

"당연하지, 우리가 모셨던 고대의 예언자들은 그분과 대화를 나누셨던 분들이었어."

제카리아는 아주 오래된 일을 회상하듯 먼 하늘을 보며 말했다. 요세프는 예언자를 찾으면 되겠다는 생각에 이르자 가슴이 콩닥거렸다.

"제카리아 할아버지! 제발, 가르쳐주세요. 할아버지가 혹시 예언자시면 야후웨님께 부탁 좀 드려주세요. 네?

네?"

"꼬마야, 우리 가문이 예언자를 태웠다는 말이지, 내가 예언자라는 건 아니다. 나 또한 예언자를 직접 본 적도 없어!"

요세프는 엄청나게 실망했지만 금세 표정을 바꾸고 제카리아를 다그쳤다.

"아니면, 그 예언자님이 사시는 곳이라도 가르쳐주세요. 제가 찾아가서 부탁드려 볼께요? 네?"

자신이 할 수 없다고, 모른다고 말해야 한다는 사실에 자존심이 상할 대로 상해버린 제카리아는 집요한 요세프의 부탁에 짜증이 난 나머지 신경질적으로 소리를 질렀다.

"인석아! 지금은 예언자조차도 다 사라지고 없어! 사람들은 더 이상 야후웨님과 이야기를 하지 않아! 알겠느냐? 꼬마야! 다 소용없단 말이다! 다 옛날 일이야! 더 이상 날 귀찮게 하지 말거라!"

늙은 낙타의 호통에 요세프의 기분은 뒤죽박죽이 되었다. 조슈아와 나디아도 무안해져버렸다. 한 동안 침묵이 찾아왔다. 파도소리나 바람소리도 아까처럼 상쾌하지 않았다. 요세프는 천천히 호수 쪽으로 몸을 돌려 수평선을 바라보았다. 실망하지 않으려고 안간힘을 쓰고 있었다. 나디아와 조슈아는 그런 요세프를 말없이 바라보았다. 안쓰럽기도 했고, 측은하기도 했다. 처음부터 제카리아에게 감정이 좋지 않았던 조슈아가 발끈하며 따지고 들었다.

"이보쇼! 예언자인지 뭔지, 거 말씀이 너무 지나친 것 아닙니까?"

스스로도 요세프에게 너무 심하게 말했음을 느꼈는지 제카리아는 헛기침을 했다. 조슈아의 말은 들은 척도 하지 않았지만, 훨씬 부드러워진 목소리로 요세프에게 말했다.

"야후웨님과 인간들의 사이가 그렇게 됐어도, 그분은 어떻게든지 인간들을 축복하고 싶어 하셨다. 그래서 어떤 장소를 정하시고, 그곳을 찾는 사람들에게는 복을 내리셨지."

시무룩하던 요세프는 언제 그랬냐는 듯 제카리아를

돌아보며 명랑하게 말했다.

"정말요? 그, 그곳이 어딘데요?"

"여기서 남쪽으로 사흘 정도 걸어가면 '그림신'이라는 산이 있는데, 그 산 꼭대기가 바로 그곳이다! 사람들은 그곳을 축복의 산이라 불렀지."

"그럼… 그, 그림신, 그러니까 그 축복의 산엘 가면 야후웨님을 만날 수 있단 말씀이죠? 그렇죠?"

"하지만, 꼬마야. 그건 아주 오래된 얘기야. 지금도 거기서 야후웨님을 만날 수 있는지는 나도 모른다."

제카리아의 염려에도 불구하고 요세프의 눈은 호수에 비친 햇살만큼이나 반짝거리고 있었다. 희망의 실마리를 부여잡아 버린 것이다. 요세프의 네 발은 이미 제카리아가 가르쳐 준 방향으로 움직이고 있었다. 당장 떠나야 한다는 요세프를 겨우 뜯어 말린 조슈아와 나디아는 제카리아의 나무 아래서 하룻밤 묵기로 하였다.

제카리아는 요세프의 밝아진 모습에 안도했지만, 한편으로는 괜한 이야기를 해서 헛된 희망을 주는 것은 아닌지 걱정이 되었다. 차라리 모든 희망을 꺾어서 쓸

데없는 고생을 하지 않게 하는 편이 더 낫지 않았을까 하는 생각도 했지만, 요세프의 표정을 보고서는 이미 늦어버렸음을 깨달았다. 거기에는 그 어떠한 절망도 들어갈 틈이 보이질 않았다.

야후웨는 침묵하고, 예언자들도 사라져버린 시대. 제카리아는 아무 것도 할 수 없다는 것이 차라리 다행이라고 생각했다. 그것은 안락하고도 안전한 나무그늘에 안주하고 있다는, 스스로 느끼고 있던 부끄러움에 대한 최고의 변명이었기 때문이었다. 더 이상 하찮은 어린 나귀에 때문에 자신의 평온함을 깨뜨리고 싶지는 않았다.

우 물 가

다음 날, 날이 밝자마자 셋은 길을 떠났다. 바다 같
은 호수를 벗어나자 길은 무척 거칠었고, 나무나 풀 같
은 것도 잘 볼 수가 없었다. 요세프에게는 특히 힘이
들었다. 디디는 곳마다 딱딱한 바위로 되어 있어서 몇
번이나 미끄러지고 넘어졌다. 다리에는 이미 여러 군데
상처가 났다. 언제부턴가 요세프의 배에 매달려 있는
나디아도 말이 없었다. 이렇게 느려터진 일행과 속도를

맞추어야 하는 조슈아도 힘들긴 마찬가지였다.

남쪽으로 길을 떠난 지 이틀째가 되던 날이었다. 낯선 대머리 독수리 몇 마리가 날아와 요세프 일행을 가로 막았다.

"이봐, 너! 여긴 금지구역이야!"

요세프는 놀라서 조슈아를 바라보았다. 조슈아는 요세프를 안심시키려는 듯 억지로 웃으며 말했다. 이번이 자신의 용감함을 확실히 증명해 보일 수 있는 최고의 기회라는 생각에 들떠 보이기까지 했다.

"요세프, 걱정 마. 내게 하는 말이야."

요세프는 대머리 독수리 일당과 조슈아를 번갈아가며 걱정스레 바라보았다. 조슈아는 쾌활한 음성으로 그들 앞으로 다가서며 말했다.

"하하하. 뭔가 오해가 있나본데, 이봐, 친구들. 보시다시피 난 하늘로 가지 않는다구. 이 아이와 땅으로 가고 있는 중이니, 그냥 눈감아 주지 그래."

제일 덩치가 큰 대머리가 킬킬거리며 말했다.

"네가 하늘을 날아가든, 땅으로 기어가든, 아니, 땅속을 파고 가든! 독수리의 부리와 독수리의 발톱을 가지고 있는 한, 이곳을 지나갈 순 없다. 지나가려면 우리 대장의 허가를 받아!"

"이봐, 친구들! 너무 빡빡하게 굴지 말라구!"

조슈아가 날개를 확 펴며 말했다. 이에 질세라 대머리 독수리들도 위협적으로 날개를 폈다. 조슈아가 움찔거렸다. 요세프는 못 본 척 했다. 덩치 대머리가 더욱 불량스럽게 말했다.

"한 발톱만 더 오라구. 우리가 얼마나 잔인한 놈들인 지 보게 될 테니까. 킬킬킬."

그때 뭔가 툭 거리는 소리가 들려왔다. 요세프는 한 동안 그것이 어디에서 나는 소리였는지 깨닫지 못하다 가 자신의 배가 갑자기 가벼워졌음을 느끼고는 발밑을 내려다보았다. 나디아가 정신을 잃은 채 널브러져 있었

다. 요세프의 배에 붙어있던 나디아가 땅바닥으로 떨어진 것이었다.

"나디아님! 나디아님!"

대머리들의 기세에 눌려있던 조슈아는 재빨리 쓰러진 나디아를 살펴보기 위해 물러섰다. 그녀의 상태를 살펴보고는 요세프를 돌아보며 말했다.

"요세프, 안 되겠다. 나디아의 상태가 너무 좋지 않아. 태양빛을 너무 많이 쐬었나봐. 이러다가 큰일 나겠어."

동굴에서와 같은 일이 다시 일어난 것이었다. 요세프는 울상이 되어 말했다.

"어쩌죠? 아저씨?"

조슈아는 요세프와 대머리 독수리들 사이에서 잠시 고민하다가 말했다.

"요세프, 미안하지만 당분간 혼자 가야겠다. 일단 나디아를 제카리아 노인네 나무 그늘에 내려다 주고, 이 지역 비행 허가를 받고나서 바로 따라갈게. 알았지?"

"저 혼자서요?"

"어이! 어린 친구, 걱정 마. 우리가 있잖아. 킬킬킬."

대머리 독수리들은 입맛을 다시며 요세프에게 히죽
거렸다. 그러자 조슈아가 눈을 무섭게 치켜뜨고는 대머
리들을 향해 덤벼들었다. 대머리들은 갑작스러운 조슈아
의 도발에 혼비백산하여 사방으로 날아올랐다. 조슈아가
쩌렁 쩌렁한 음성으로 소리를 질렀다.

"이 아이에게 손 끝 하나 댔다간, 그날이 너희들 제
삿날이 되는 줄 알아!"

요세프는 처음으로(솔직히 처음으로) 조슈아가 진정
한 독수리임을 느꼈다. 지금 조슈아의 행동은 잘난 척
하기 위한 것도, 자신의 비겁함을 포장하려는 것도 아
니었다. 독수리가 가지고 있는 진정한 용기, 친구들을
위해서는 자신의 목숨까지도 내놓을 수 있다는 순수한
마음이 마치 오로라처럼 사방으로 뻗쳐 나가고 있었던
것이다. 그런 조슈아가 요세프를 돌아보며 말할 때는
마치 한 마리의 온순한 백조 같았다. 정말 멋진 독수리
라고 요세프는 생각했다.

"요세프, 알겠지? 걱정 마. 바로 따라갈 테니."

요세프는 조슈아와 같은 용감한 표정을 지어보이며 고개를 끄덕였다.

"알겠어요. 아저씨."

조슈아는 나디아를 상하지 않을 정도로 움켜쥔 채 공중으로 날아오르더니 엄청난 속도로 시야에서 사라졌다. 조슈아의 기세에 눌려있던 대머리 독수리들도 킬킬거리며 요세프의 주위에서 잠시 어슬렁거리다가 공중으로 흩어졌다.

다시 혼자가 된 요세프는 무척이나 쓸쓸하고 힘들었다. 그래도 용감히 남쪽으로 걸었다. 요세프의 머리 위에는 대머리 독수리 일당이 빙글거리며 돌고 있었다. 아마 요세프가 쓰러지기만을 기다리며 입맛을 다시고 있을 것이다. 조슈아 아저씨가 오는지 연신 북쪽 허공을 바라보았지만 구름 한 점 없는, 눈부시게 파란 하늘이 필요 이상으로 아름다울 뿐이었다.

어느새 밤이 되었다. 낮에는 뜨거운 불덩어리였던 바위가 밤이 되자 살을 에는 차가운 얼음덩어리로 변했다.

그 사이에서 요세프는 바들바들 떨며 혹독한 추위를 견뎌야 했다.

혼자서 남쪽으로 향한 지 이틀째, 뜨거운 태양은 여전히 요세프의 머리 위에서 불타고 있었다. 요세프는 전날 아침부터 단 한 줌의 풀도 단 한모금의 물도 먹지도 마시지도 못했다. 극심한 굶주림과 갈증으로 체력이 완전히 고갈된 나머지 새파랗던 하늘이 노랗게 보였고, 온 세상이 핑핑거리며 돌기 시작했다.

얕은 돌산을 힘겹게 내려온 요세프는 땅바닥에 주저앉은 채 거친 숨을 몰아쉬었다. 그럴수록 바짝 마른 입 안으로 거칠고 뜨거운 공기가 들이닥쳐 요세프의 목구멍을 더욱 잔인하게 헤집어 놓았다. 한참 동안 고통스럽게 헐떡거리던 요세프에게 우물이 보였다.

"무, 물이다!"

요세프는 거의 남아 있지도 않은 힘을 짜내어 힘겹게 몸을 일으켰다. 수십 걸음 정도의 거리를 마치 만 걸음처럼 걸어 우물로 다가갔다. 하지만 우물 속을 들여다 본 요세프는 또 한 번 낙담하고 말았다. 우물은 깊었고, 깊은 우물물을 길을만한 지적능력과 신체구조를 요세프는 가지고 있지 못했다. 우물가 옆이라면 곳곳에 고인 물이 있을 법도 했겠지만 그것조차 이미 바짝 말라 버린 후였다. 물이 있음에도 물을 못 마시는 상황이 요세프의 갈증을 더욱 악화시켰다. 비틀거리며 우물 주위를 몇 바퀴 돌던 요세프는 힘없이 쓰러져 버렸다.

얼마나 지났을까. 서늘한 느낌이 요세프의 입가에 느껴졌다. 물이었다. 머리와 목에도 부드러운 감촉이 느껴졌다. 누군가가 자신을 쓰다듬고 있는 것 같았다.

'나디아님인가? 나디아님!'

요세프는 나디아가 날개를 펴서 자신을 안아주었을 때가 생각이 났다. 기분이 좋아졌고, 정신이 점점 맑아졌다.

"정신이 드니? 가여운 것…"

이번에는 부드러운 목소리가 들려왔다. 그것은 어머니의 목소리 같기도 하였다.

'어머니? 엄마?'

요세프는 눈을 뜨려 했지만 눈꺼풀은 좀체 움직이려 하질 않았다. 힘을 주면 줄수록 온 몸에 있는 근육만 뻣뻣해질 뿐이었다.

"괜찮아, 두려워 할 것 없단다. 괜찮아."

요세프는 무슨 이유에선지 눈물이 났다.

"얼마나 목마르고 굶주렸으면 여기에 쓰러져 있을까… 가여운 것…"

부드러운 손길이 요세프의 등을 쓰다듬었다. 그 손길은 요세프의 경직된 근육을 풀어주었다. 몸이 편안해지자 주위가 서서히 밝아지기 시작했다.

"이제 정신이 좀 들어?"

눈을 가까스로 뜨자, 자신을 내려다보는 여자 인간의 얼굴이 보였다. 요세프는 깜짝 놀라 몸을 일으키려 하였지만 다리에 힘이 들어가질 않아 다시 풀썩거리며 쓰러졌다. 그녀는 버둥거리는 요세프를 진정시키며 인자하게 말했다.

"괜찮아, 괜찮아… 널 해치지 않아. 두려워할 필요

없단다. 괜찮아. 괜찮아…"

하지만 요세프는 여전히 경계심을 풀지 못했다. 인간을 이렇게 가까이에서 보는 것은 처음이었기 때문이었다. 하지만 여인의 미소와 부드러운 손길은 요세프의 경계심과 불안함을 조금씩 줄여주었다. 요세프는 마치 어머니와 같이 있는 것처럼 편안해지기 시작했다.

"그래, 그래, 괜찮아, 다 괜찮아."

여인은 요세프가 물과 음식을 먹을 수 있도록 했다. 갈증과 굶주림에 지쳤던 요세프는 여인이 주는 음식을 게눈감추듯 먹어치웠다. 갈증이 해소되고 뱃속이 먹을 것으로 채워지자 정신이 또렷해졌고, 다리에도 힘이 들어가기 시작했다. 또 눈물이 났다. 왜 이렇게 자꾸 눈물이 나는지 요세프는 이해할 수가 없었다. 어머니가 아픈 것도, 지금껏 겪은 온갖 고생도 그 눈물의 이유가 될 수는 없었다. 그것들은 이미 요세프에게는 일상이 되었기 때문이었다. 요세프의 눈물은, 길바닥에 혼자 넘어져도 울지 않던 아이가 엄마의 시선을 느끼게 되어서야 으앙 거리며 서럽게 울 때의 것과 같았다. 지금까지 씩씩한 척 했던 요세프는 애정과 긍휼과 연민이 가득한 누군가의 눈길로 인해 완전히 무장해제 되어 버렸던 것이다.

가슴 가득 들어차 있던 절망스럽고도 속상한 마음이 수증기가 되어 올라와서는 요세프의 눈을 통해 볼을 타고 끊임없이 흘러내렸다. 여인은 요세프의 눈에서 흐르는 눈물을 조용히 닦아 주었다. 요세프는 그런 여인을 향해 고개를 숙이며 말했다.

"고맙습니다, 사람 아주머니."

여인은 나귀의 말을 알아듣기라도 한 듯 요세프를 향해 웃어주며 말했다.

"너 지금 고맙다고 하는 거니? 하하하, 착하기도 하지."

요세프는 완전히 몸을 일으켜 앞발과 뒷발을 차례대로 들었다 놓았다 해 보았다. 힘을 줄 수 있을 것 같았다. 이제 다시 길을 떠날 시간이라고 생각했다. 여인은 안쓰럽고도 걱정스러운 표정으로 요세프를 바라보며 말했다.

"벌써 가려구? 혼자서 어디를 그렇게 가는 거니?"

요세프는 마을 바로 옆에 솟아 있는 산을 바라보았다. 바로 그림신산이었다. 야후웨를 만날 수 있다는 곳. 축복의 산.

"그림신산으로 가는 거니?"

여인의 말에 요세프는 고개를 끄덕였다.

"너도 무엇을 구하려고 가는 거로구나…"

여인은 얼굴은 요세프를 향하면서도, 눈은 요세프 옆 허공을 바라보며 마치 독백을 하듯이 말했다.

"나도 예전엔 그 산에 참 많이 올랐었단다. 뭔가를 구하러 말이다. 끊임없이 오르고, 오르고, 또 올랐지. 그리곤 내려오고, 내려오고, 또 내려왔단다. 내가 찾는 것이 여기에 있는지 아니면 저기에 있는지, 늘 두리번거렸단다. 그럴수록 더욱 목이 말랐지. 마시고 마셔도 갈증은 더해만 갔단다."

요세프는 목이 마르다는 것이 얼마나 고통스러운 것인지를 금방 체험한 터라 여인의 말이 가슴 깊숙이 스며들었다. 여인은 요세프의 슬프고도 깊은 눈을 바라보며 속삭이듯 말했다.

"하지만, 그가… 먼저… 나를… 찾아 오셨단다."

'누가요?'

요세프는 눈을 동그랗게 뜨고 여인을 바라보았다. 여인은 아름다운 과거를 회상하듯 말했다.

"정말 기적 같았지, 기적. 그는, 그 분은… 내 모든 것을 알고 계셨단다. 두렵기도 했고, 부끄럽기도 했지."

여인은 요세프의 등을 어루만지며 구름 같은 말을 이어나갔다.

"여기, 이 우물가에서, 내가 사는 바로 여기에서 말이다. 난 복을 받으려면 멀리 있는, 아주 특별한 곳을 가야한다고 생각했는데…"

요세프는 여인의 말을 이해할 수는 없었다. 하지만 그녀에게서 느껴지는 평안함이 요세프의 갈기를 어루만져 주는 것 같았다. 여인은 요세프를 바라보며 마치 유언이라도 하듯 말했다.

"혹시, 네가 찾고 있는 그 분이 널 실망시키더라도, 너무 슬퍼 말거라. 언젠가는 그 분이 널 찾으실 테니까. 중요한 것은 끝까지 포기하지 않는 거란다. 끝까지…"

잠시 동안의 고요가 마치 먼지바람처럼 휘잉거리며 지나갔다. 여인은 몸을 일으켰다.

　"이제 가야겠구나. 사람들이 돌아다닐 시간이거든. 붙잡히지 않게 어서 가렴."

　여인은 요세프의 머리에 입을 맞추었다. 요세프는 다시 한 번 그 여인에게 감사의 인사를 하고는 그림신산을 향해 길을 떠났다. 산으로 올라가는 입구에서 뒤를 돌아보았다. 그 여인은 물 한 동이를 이고 집으로 돌아가고 있었다.

　뿌연 모래바람이 그녀의 옷자락을 잡아당기고 있었다.

그림신

눈부시게 파란 하늘이 배경이 된 축복의 산, 그림신
은 신비로운 자태를 뽐내고 있었다. 마치 야후웨가 기
다리고 있기라도 한 듯 하얀 구름이 그 산의 꼭대기에
서 요세프를 내려다보고 있었다. 요세프는 있는 힘을
다해 산을 올랐다. 생각보다는 완만한 경사였는데, 막바
지에 이르자 경사가 갑자기 급해졌고 길도 아주 험해졌
다. 사람 마을에서 먹은 물과 음식이 아니었다면 절대

오를 수 없는 경사였다. 요세프는 그 여인이 더욱 고맙게 느껴졌다.

정상에 올라섰을 때는 태양이 거의 지평선에 닿아 있었다. 거기에는 돌로 지어진 건물이 있었는데 곳곳이 허물어져 있었고, 덤불 같은 것으로 덮여 있었다. 그 앞에서 요세프는 한참 동안을 서성거리다가 사람이 있는 것 같지는 않아 보여, 조심스레 안으로 들어가 보았다. 건물 안쪽에 제법 넓은 마당이 있었고, 마당 중앙에는 또 하나의 돌로 된 작은 건물이 있었다. 그것 또한 오랫동안 방치 된 듯 천장 여기저기 구멍이 나 있었고 벽도 군데군데 허물어져 있었다.

"저… 야후웨님…, 야후웨님… 계세요?"

조용했다. 요세프는 땅거미가 내려 앉아있는 마당을 가로질러 중앙에 있는 건물로 다가갔다. 반쯤 허물어진 문틈으로 건물 안을 조심스레 들여다보았다. 그리곤 그대로 얼어버렸다. 요세프는 자신의 눈을 믿을 수가 없었다. 구름 같은 것이 실제로 있었기 때문이었! 요세프는 그것이 바로 야후웨라고 확신하며 소리를 질렀다.

"야후웨님! 야후웨님!"

요세프에 의해 '야후웨'라고 불린 구름 같은 것이 움찔거렸다.

"야후웨님! 맞죠? 야후웨님!"

그것은 조금씩 뒷걸음을 치다가, 엉덩이가 벽에 닿자 당황한 듯 대각선 방향으로 방안을 왔다 갔다 하기 시작했다. 놀란 요세프는 입을 다물 수가 없었다. 그것이 야후웨라서 그런 것도, 성스러운 구름이라서 그런 것도 아니었다. 털이 자랄 대로 자란 그저 더러운 양이었기 때문이었다.

"어? 야후웨님? 아, 아니었군요…"

"내가 야후웨? 야후웨? 아, 웃겨. 내가? 우헤헤헤."

털북숭이양은 경련하듯 웃었다. 요세프는 바닥에 털썩 주저앉았다. 온 힘이 다 빠져 나가 버린 것 같았다. 털북숭이 양은 그런 요세프를 눈을 껌뻑이며 한참 쳐다보다, 뱃속에서부터 치밀어 올라오는 궁금증으로 폭발하듯 질문을 퍼부어댔다.

"넌, 도대체 누구지? 그 몰골은 뭐지? 어디서 도망쳐

왔지? 여기는 왜 온 거지? 여기서 왜 야후웨님을 찾는 거지? 네가 왜 야후웨님을 찾는 거지? 나를 왜 야후웨라고 부른 거지? 그 의도가 뭐지? 누가 보내서 온 거지? 응? 응?"

털북숭이 양의 질문 폭탄에 요세프는 무엇을 먼저 말해야 할지 몰라 더듬거렸다.

"예, 저, 저는 요세프, 어머니가, 저기서, 아프셔서, 야후웨님을, 축복하신다고, 병 고쳐달라고, 어버버…"

털북숭이 양은 의심스러운 표정으로 쏘아 붙였다.

"그러니까, 네 이름이 요세프고, 네 어미가 아프고, 그 병을 고쳐달라는 거고, 그래서 야후웨님을 찾는 거고, 뭐 그런 것은 아니겠지?"

"아, 네? 어… 맞아요, 그, 그래요."

털북숭이 양이 갑자기 소리를 질렀다.

"내가 그 말을 믿으라고? 도대체 무엇 때문에 온 거지? 나를 잡으러 온 거지? 똑바로 말하시지! 누가 보내서 온거냐? 어서 말해! 어서!"

"아, 아니에요. 전 아저씨가 누군지도 몰라요."

"그, 그래? 그럼… 너, 넌 누구냐?"

"요세프라고 했잖아요. 야후웨님을 찾으러 온거고요!"

"야후웨님을 찾아? 네, 네가? 왜?"

"어머니 병을 고쳐달라고 부탁하려고요!"

"네 어머니가 아프시냐?"

요세프는 정신이 하나도 없었다. 털북숭이 양은 요세프에게 말을 하는 건지 혼잣말을 하는 건지 모를 정도로 주위를 두리번거리며 중얼거렸다.

"그런데, 왜 여기서 야후웨님을 찾는 거지? 여기에 야후웨님이 계셔? 어디에?"

"여기가, 축복의 산이라고… 여기 야후웨가 계실지 모른다고…"

털북숭이 양은 기괴한 표정으로 깔깔거리며 말했다.

"우헤헤헤, 여기가? 축복의 산이라고? 말 같지도 않아. 여긴 버려진 산이야. 야후웨는커녕 개미새끼 하나 찾지 않아. 우헤헤헤."

요세프는 또다시 막막해져 버렸다. 그림신에서 기다

리고 있는 것이 야후웨가 아니라 미쳐버린 양이었다니.

"그런데 아저씨는 왜 여기 사세요? 가족이 없으세요?"

털북숭이 양은 그제야 요세프의 눈을 쳐다보았다. 태어나서 처음으로 그런 질문을 받은 듯 멍한 표정이었다.

"나? 나? 그래…나는 누구일까? 왜 난 여기 있는 거지?"

"가족이나, 친구들은 없어요?"

"가족? 친구? 그래… 가족… 친구… 그런 게… 이, 있었던 것 같아‥"

"그런데, 왜 여기서 혼자 사세요?"

털북숭이 양은 잠시 생각에 빠졌다. 그 표정은 우주 한가운데 내버려진 미아 같아보였다.

"그… 그건, 무서워서… 무섭다고…"

"뭐, 뭐가요?"

털북숭이 양은 두려움에 휩싸여 주위를 두리번거렸다. 요세프도 덩달아 주위를 두리번거렸다.

"꼬마야… 사실, 난 야후웨님이 싫어. 무서워. 으어

어…흡!"

　털북숭이 양은 엄청난 말실수를 깨달은 듯 말하다 말고 입을 오므렸다. 쪼그라든 주둥이와는 대조적으로 눈은 두 배정도로 커졌고, 그 상태에서 꼼짝하지 않았다. 움직이는 것이라고는 불안하게 왔다 갔다 하는 눈동자 뿐이었다.

　"아, 아저씨, 왜 그러세요?"

보다 못한 요세프가 양의 어깨를 툭 건드리자, 양은 비명을 지르며 용수철처럼 벽 양쪽 끝을 서너 번 왕복하다가 요세프 앞에 바짝 엎드렸다.

"제, 제, 제발, 제발, 제발, 사, 사, 사, 살려주세요. 다, 다, 다, 다시는 안 그럴게요. 제발, 오, 제발, 제발…"

"아저씨, 진정하세요."

털북숭이 양은 요세프의 발 앞에 엎드린 채 한참 동안을 바들바들 떨었다. 결국 아무 일도 일어나지 않자 다시 몸을 일으키며 경련하듯 중얼거렸다.

"그, 그날이 되면… 피, 피, 피냄새… 무, 무, 무서워…. 친구들의 비명소리가… 아, 아직도 들려… 으어어어. 귀를 마, 마, 막아도… 들려… 누, 눈을 감아도 보여… 내 친구들이 끌려가고 있어… 아, 안돼…그러지 마세요! 무서워! 으어어어…."

요세프는 자신도 모르게 양을 따라 '으어어어'하고 있었다.

"그날이 뭔데요? 네? 무슨 일이 일어난 건데요?"

양의 말 속도가 더 빨라졌다.

"그, 그날은… 야, 야후웨님께서 내려오시는 날, 그날은 우리들이 주, 죽어야 하는 날… 으어어어어."

"예? 죽어야 하는 날이요? 왜 죽어요? 왜요?"

"마구 마구 죽여. 온 몸을 토막 내고! 불에 태우고! 으어어어어. 친구들이 불에 타죽는 냄새! 아아… 인간들

나빠. 야후웨님도 나빠. 나빠, 나빠, 모두 나빠! 으어어
어어.”

　양은 두려움과 분노에 휩싸여 몸을 격렬하게 떨었다.
눈은 돌아가서 흰 자위가 보였고 입에는 거품까지 올라
오기 시작했다.

　“오, 안돼요! 제발 절 죽이지 마세요! 잘못했어요. 제
발 살려주세요. 제발!! 으어어어어! 아악! 아아아악!”

　털북숭이 양의 찢어지는 비명에 요세프는 귀를 틀어
막아야 했다. 그 소리가 방안 가득 울리다가 순식간에
사라져버렸다. 갑작스러운 고요가 찾아왔다. 귀를 틀어
막고 있던 요세프는 털북숭이 양이 발작하다 죽은 것이
분명하다고 생각했다.

　요세프는 쓰러진 털북숭이 양을 몇 번이나 흔들어
보았지만 정말로 죽었는지 꿈쩍도 하지 않았다. 주위의
모든 것들이 정지해버리자, 그 동안 느끼지 못했던 피
곤함이 그때서야 몰려왔다. 요세프는 자신도 모르게 털
북숭이 양 옆에 쓰러져서 곤한 잠에 빠져 들었다. 구멍
난 천장 틈으로 비집고 들어오던 달빛마저 그 둘 옆에

누워버렸다.

눈을 떴다. 새벽의 차가운 공기가 요세프의 얼굴을 어루만지고 있었다. 다시 잠이 들었는가 싶다가 눈을 떴다. 양이 무표정하게 내려다보고 있었다. 요세프가 놀라 몸을 일으켰다.

"어, 아저씨 괜찮으세요?"

양은 요세프를 물끄러미 쳐다보았다. 마치 텅 비어버린 자신의 과거를 들여다보는 것 같았다. 전혀 움직일 것 같지 않던 양의 입이 천천히 움직였다.

"이름이 요세프라고 했지? 어젯밤에는 내가 또 헛소리를 했나보구나. 네 표정을 보니 알겠군. 후훗."

요세프는 여전히 멍했다. 지금 이야기를 나누고 있는 양이 어제의 양과 과연 같은 생명체인지 의심스러웠다. 정신분열증세가 사라진 양의 무표정한 얼굴은 차분하다 못해 차가웠으며, 심지어 지적인 풍모까지 풍겼다. 양은 돌로 된 벽에 맺힌 새벽이슬을 걷어내 자신의 털을 교양 있게 정리하며 말했다.

"사실 나도 인간들의 희생제물이었다."

"예? 희, 희생제물? 희생제물이 뭐에요?"

"인간들이 야후웨님께 제사라는 걸 지낼 때 죽이는 것."

"왜 죽이는데요?"

"그렇게 해야 야후웨님을 만나도 살아남을 수 있거든."

"야후웨님을 만나면 죽나요?"

"그렇다더군. 비열한 인간들… 지들이 죽기 싫으니 우리를 대신 죽이는 거야."

"그런데 어떻게 살아남으셨어요?"

털북숭이 양은 얕은 한숨을 내쉬었다.

"나를 길러주신 주인 어르신은 정말 인자하신 분이셨지. 나를 많이 쓰다듬어 주셨다. 그런데 어느 날 내가 상처가 없는… 뭐라더라… 아, 그래, 흠이 없는 양이라며, 이 근처로 끌고 오셨지. 주인님은 나를 끌고 오면서 많이 슬퍼하셨어. 그때 직감적으로 알았지. 내가 여기서 죽겠구나 하고 말이야. 주인님을 위해서라면 주인님이 원하시는 대로 해 드려야 했지만, 난 살고 싶었다. 그래서 주인님이 한 눈 파는 사이에 잽싸게 도망쳤지. 그렇게 도망은 쳤는데, 딱히 갈 곳도 없더구나. 그 후론 그냥 여기 숨어서 쭉 살고 있어."

"그럼 여기, 축복의 산에서는 제사가 언제 열려요?"

"여기서는 더 이상 제사가 열리지 않아. 여기 말고 예루살렘에 있는 성전에서 열려. 며칠 후면 유월절이니까…"

"예? 유월절? 유월절이 뭐에요?"

"유월절…"

양은 또다시 두려움에 싸인 목소리로 말했다.

"유월절이란… 공포와… 피의 밤을 기념하는 날이다."

"공포와 피의 밤이요?"

"아주 아주 오래 전에, 야후웨를 믿는 인간들이 이집트라는 나라에서 노예로 살고 있었다. 야후웨님은 그들을 노예에서 풀어주려고 그 이집트라는 나라에 열 가지 재앙을 내리셨어. 그 중 마지막 열 번째 재앙이 바로 공포와 피의 밤이란다. 그날 밤 이집트에 있는 모든 사람들의 첫 번째 아이들이 모조리 다 죽어버렸지. 심지어 짐승들의 첫째까지도."

요세프는 너무 무서워 아무 말도 못했다.

"하지만 야후웨님은 그 재앙을 벗어날 방법을 미리 이야기 해주셨는데, 그 방법이란 게 말이다… 나 같은 양을 죽여서 그 피를 문 주위에다 바르는 것이었어. 야후웨를 믿는 사람들은 그렇게 해서 그 재앙을 피하고, 이집트를 벗어날 수 있었지. 그 날을 기념하는 것을 유월절이라고 한단다."

"그렇게 무시무시한 날을 왜 기념하는 거죠?"

"난들 알겠니. 하여튼 그날만 되면 우리 같은 양이나 소들이 떼죽음을 당하게 돼. 또 온 천지에 우리 동족의 피 냄새가 진동하게 될거야."

요세프는 침을 꼴깍 삼키며 물었다.

"아저씨, 그 제사라는 것 말이에요… 그걸… 하면 진짜 야후웨님이 오시나요?"

"그러니까 제사를 하겠지. 야후웨님이 오시지 않으면

무엇 하러 그 수많은 양과 염소를 잡아 죽이겠니."

그러자 요세프가 눈을 반짝이며 말했다.

"그러니까, 예루살렘이라는 곳에 있는 성전을 찾으면, 거기서 야후웨님을 만날 수 있다는 거네요. 그렇죠!"

"그렇겠지. 너, 설마… 거기 가려는 것은 아니겠지?"

양은 다시 두려움에 사로잡힌 표정으로 요세프를 쳐다보았다. 반면 요세프는 빙긋 웃기까지 했다. 양은 기겁하며 말했다.

"안 된다, 안 돼. 큰일 나! 예루살렘은 나쁜 인간들이 엄청나게 많은 곳이란 말이다. 거기 갔다가 인간들에게 붙잡히기라도 하면 평생 노예로 살거나, 잡아먹히고 말거야!"

"그래도… 뭔가… 방법이 있겠죠."

"그래도 안 될거다. 혹 운이 좋아서 예루살렘 성전에 갔다고 치자. 어떻게 야후웨에게 빌거니? 네겐 희생제물이 없잖아. 희생제물이 없으면 야후웨를 만날 수 없어."

요세프는 또다시 시무룩해졌다. 그랬다. 야후웨를 만나려면 대신 죽을 양이 필요하다고 했는데… 자신에게는 양은커녕, 참새 한 마리 없었다. 설령 있다한들 자신의 목적을 위해 다른 짐승을 죽인다는 것은 생각도 못할 일이었다. 요세프에게 있는 것이라고는 실로 자신의 몸뚱이 뿐이었다. 또 하나의 막다른 길에 갇혀버린 요세프는 정지 마법에라도 걸린 것처럼 한동안 꼼짝없이 서 있었다. 요세프가 미동도 하지 않자 양도, 바람도, 새벽의 기운도 꼼짝 하지 않았다. 땅과 하늘의 모든 것들이 정지해버린 것 같았다. 마침 불어온 차가운 새벽 바람이 요세프를 건드리지 않았다면 영원히 그렇게 서 있었을 것이다. 정지 마법에서 깨어난 요세프가 조심스레 물었다.

"저, 아저씨. 희생제물은 양만 되나요?"

"그건… 음… 아닌 것 같아. 어떤 사람들은 비둘기를 들고 가던데…"

"아, 네… 그, 그럼, 나, 나귀 같은 것도?"

"잘은 모르겠지만, 안될 것은 없겠지… 그런데 왜? 잠깐, 너 지금 무슨 생각을 하고 있는 거냐?"

"아, 아니에요. 정말 아니에요."

요세프는 얕은 한숨을 내쉬며 양에게 부탁했다.

"저… 아저씨, 예루살렘으로 가는 길을 가르쳐 주세요. 부탁드려요."

양은 난감한 표정으로 말했다.

"요세프, 신중해져야 한다. 나 같으면 거기 가지 않겠다. 거긴 정말 위험한 곳이란 말이다."

양은 진심어린 충고를 하고 있었다. 요세프도 그것을 느낄 수 있었다. 하지만 요세프의 결심에는 전혀 영향을 미치지 못했다.

"안되면 어쩔 수 없지만 시도라도 해봐야죠. 어디로 가야 되죠? 제발 가르쳐 주세요. 네? 아저씨, 제발요."

양은 가만히 생각하더니 무표정한 얼굴로 요세프를 건물 밖으로 데리고 나갔다. 밖은 여전히 어두웠지만 새벽이라는 미묘한 기운이 감돌았고, 아주 옅은 오렌지 빛이 지평선을 아름답게 물들이고 있었다.

"요세프, 이쪽으로 내려가거라. 산을 다 내려가면 남동쪽으로 나 있는 길을 만나게 될 거야. 그 길을 따라 하루 정도 가면 거대한 성을 보게 될 것이다. 그곳이 바로 예루살렘이다."

"아저씨, 정말 감사합니다. 감사합니다."

양은 요세프를 아주 잠깐 쳐다보았을 뿐 대답을 하지 않았다. 양이 끝까지 말이 없자 요세프는 그의 눈치를 보며 천천히 몸을 돌렸다.

아직 남아있는 달빛과 아직 떠오르지 않은 태양의 기운이 신비롭게 섞여있는 산길을 요세프는 빠른 걸음으로 내려갔다.

"예루살렘, 예루살렘… "

털북숭이 양은 산 아래로 달음박질하며 자신이 가야할 목적지를 끊임없이 되뇌는 요세프를 물끄러미 내려다보았다.

요세프가 시야에서 사라지자 그는 자신의 털 매무새를 만졌다. 그리곤 허물어진 그림신 산의 성전을 돌아보았다. 오랫동안 숨어 지내던 곳이었다. 이제 그만 돌아가야 할 때라고 생각했다. 어디로 돌아갈지는 정하지 못했지만.

뱀 골짜기

산을 다 내려오자 아침이 밝았다. 양이 말 한 대로 남동쪽으로 나 있는 길이 보였다. 하지만 너무나 자주 사람들이 지나다녔기 때문에 그 길로는 갈 수 없었다. 하는 수없이 그 길과 평행하게 나 있는 야트막한 돌산을 넘어가야 했다.

하늘은 어제와는 달리 짙은 먹구름이 잔뜩 덮여 있었다. 그 음침한 회색빛깔의 구름 아래로 수많은 독수리들이 낮게 맴돌고 있었다. 여전히 조슈아 아저씨는 보이지 않았다.

아침의 선선함이 완전히 증발해버렸을 때 쯤 바위틈에서 무언가가 스르륵거리며 올라왔다. 깜짝 놀란 요세프는 빠르게 뒤로 몇 걸음 물러섰다.

"어디를 그렇게 열심히 가는 거니? 이런 데 혼자 다니면 위험할 텐데. 여긴 인간들이 지나다니는 길이야. 낄낄낄."

커다란 뱀이었다. 그는 세로로 죽 찢어진 노란색 눈이 박힌 대가리를 빳빳이 쳐들고, 연신 혀를 날름거리며 요세프에게로 다가왔다.

"그러는 아저씨는 여기서 뭐하세요?"

뱀은 요세프의 당돌한 질문에 '요것 봐라'하는 표정으로 말했다.

"여긴 내가 사는 곳이니까 굳이 뭘 하기 위해서 있는 것은 아니지. 낄낄낄."

"전 야후웨님을 만나러 예루살렘이라는 곳으로 가고 있는 중이에요."

뱀의 눈이 가늘어졌다.

"뭐? 야후웨? 예루살렘으로 가면 야후웨를 만날 수 있다고? 누가 그러든? 낄낄낄!"

"그림신산 꼭대기에 사는 털북숭이 양 아저씨가요."

커다란 뱀은 목을 젖히며 낄낄거렸다.

"꼬마야, 미안하지만 야후웨는 더 이상 이 세상에 오지 않아. 낄낄낄."

요세프의 가슴이 다시금 철렁 내려앉았다.

"예? 왜요? 왜 안 오시는 건데요?"

커다란 뱀은 번득이는 눈을 요세프에게 들이밀며 말했다.

"왜냐하면 말이다… 죽었거든. 낄낄낄."

뱀의 말은 마치 벼락처럼 요세프의 귀를 때렸다.

"예에? 그게 무슨 말씀이세요?"

"야후웨는 분명 죽었어. 그러지 않고서야 이렇게 오랫동안 나타나지 않을 리가 없지. 나 같은 뱀은 말이다, 야후웨가 나타나면 바로 알 수가 있지. 그 느낌이 있어. 아—주 살벌한 느낌말이다. 낄낄낄. 그런데 요즘은 전혀 느껴지지 않아. 솔직히 살맛이 나. 낄낄낄."

요세프는 머리를 갸웃거리며 말했다.

"인간들이 제사라는 걸 하면 그때 야후웨님이 내려
오신다고 하던데요?"

커다란 뱀은 그런 황당한 이야기는 처음 들어본다는
표정으로 낄낄거리며 말했다.

"이런 순진한 녀석 같으니라구. 낄낄낄. 꼬마야, 인간
들이 제사 나부랭이를 해도 야후웨가 내려오지 않은지
오래야. 인간들도 그 사실을 알고 있을걸. 낄낄낄."

"그런데 제사는 왜 해요?"

"그거? 그건 모두 인간들만의 잔치에 불과해. 왜 그런 줄 아니? 제사를 하면 먹을 게 생기거든. 아주 야들야들하고 신선한 양고기나 소고기 말이다. 낄낄낄. 그놈들은 야후웨가 있든 없든 상관없어. 그건 이미 그들의 관심사가 아니야. 먹을 것만 생기면 그만이니까. 낄낄낄."

커다란 뱀은 역겹다는 듯 머리를 흔들었다. 요세프는 울상이 되었다. 이제 거의 다 왔다고 생각했는데 야후웨님이 죽어버렸다니. 그의 말대로 야후웨가 죽었다면 예루살렘으로 가는 것이 무의미해진 것은 물론, 지금까지의 기나긴 여정도 모두 헛수고가 되어버리는 것이었다.

커다란 뱀은 똬리를 풀었다가 다시 만들었다. 요세프는 너무 실망이 되어 그 자리에 주저앉았다.

"꼬마야, 그런데, 야후웨를 찾는 이유가 뭐냐?"

요세프는 기운이 쏙 빠져나가버린 얼굴로 말했다.

"야후웨님께 부탁을 할 게 있어서요. 우마르님이 다시 병을 고칠 수 있도록요. 그, 그리고 우리 어머니의 병도 고쳐달라고 부, 부탁드리려고요…"

그 말을 하면서 요세프는 울먹거렸다. 그것이 재미있다는 듯 커다란 뱀은 목을 뒤로 젖히며 낄낄거렸다.

"꼬마야. 네게는 좀 잔인하게 들리겠지만 말이다. 야후웨가 혹 살아있다 한들, 네 어미의 생사에는 아무 관심도 없을걸. 늙어빠진 암나귀 한 마리 병들어서 죽는 게 야후웨에게 그리 큰일이겠느냐? 낄낄낄."

요세프는 그 말에 화가 났다. 몸을 발딱 일으키며 눈물범벅이 된 눈을 들어 소리를 질렀다.

"그런 식으로 말하지 마세요! 우리 어머니는 이 세상에서 가장 소중하다구요!"

커다란 뱀은 가여워 하는 표정을 애써 지으며 요세프에게 말했다.

"오우 저런, 우리의 가여운 효자 꼬마 나귀님. 이 일을 어쩐다? 어쩌면 좋지? 낄낄낄."

"이씨! 놀리지 말라구요!"

뱀은 다시금 못된 표정으로 말했다.

"이 세상에 소중한 것 따위는 없어! 어차피 다 없어

질 거니까."

"그럼, 아저씨는 아저씨의 가족이나 친구가 소중하지 않다는 거에요?"

"아, 물론 소중해. 소중하다구. 다만, 그들이 죽거나 다치거나 하더라도 너처럼 질질 짜지는 않는다구. 우리 같은 뱀은 쿨~하니까. 낄낄낄."

"어떻게 그럴 수가 있죠? 엄마가 죽게 되어도요?"

뱀은 잠시 생각에 잠겼다.

"엄마? 엄마라…"

요세프가 본 뱀의 표정 중에서 가장 진지해보였으나, 뱀은 결국 피식거리더니 다시 불량스럽게 말했다.

"사실, 난 엄마가 누군지 몰라. 한 번도 본적이 없어. 뱀의 엄마들은 자식들을 낳고는 대게 사라져 버리거든. 내게는 엄마가 없는 것이나 마찬가지야. 낄낄낄."

뱀은 요세프의 콧등에 무서운 얼굴을 들이밀며 음산하게 말했다.

"난 아직도 내가 알에서 깨어나는 순간이 기억나. 아주 강렬해서 기억에서 지워지질 않아. 낄낄낄. 꼬마야,

내가 알을 깨고 나왔을 때 제일 먼저 본 게 뭐였는지 말해줄까? 낄낄낄."

요세프는 뱀의 눈에 핏발이 서는 것을 보았다.

"바로, 커다란 도마뱀의 날름거리는 혓바닥이었단다. 기분 나쁜, 끈적거리는 침이 흘러내리는… 낄낄낄. 그 혓바닥이 말이다, 내 형제들을 아주 맛있게 그 놈의 주둥아리로 쳐 넣고 있더구나. 내가 그 지옥에서 어떻게 살아남았는지는 기억에 없지만, 결국 난 살아남았어. 이렇게! 낄낄낄."

요세프는 겁에 질려 버렸다. 뱀은 자신이 그때의 도마뱀이라도 되는 듯 혀를 날름거렸다.

"내 형제들은 그때 거의 다 죽어버렸지. 뭐 그리 슬프진 않았어. 어차피 살 녀석은 살았고, 죽을 녀석은 죽었으니까. 다 우연이지 뭐."

"우연이요?"

"그렇지, 우연! 이 세상의 모든 일은 우연으로 이루어진다. 낄낄낄."

"아… 네… 그런데… 우연이 뭐데요?"

뱀은 아주 못된 표정을 짓고 있다가 우연이 뭔지 묻는 요세프의 말에 사레가 들어버렸다.

"켁켁켁! 너 우연이 뭔지도 모르냐?"

"모르겠는데요. 처음 듣는 말이에요. 그게 뭐죠?"

"우연이라는 건 말이다. 그냥 그렇게 되는 거다. 아무 이유 없이. 어쩌다가! 하다보니까! 마치 네가 여기까지 오면서 너도 모르게 발로 찼던 수많은 돌멩이들의 움직임처럼 말이다. 아무런 의미가 없는 것이야."

"우리 어머니는 모든 것에는 모든 이유가 있다고 하셨어요. 병에 걸리신 것도 이유가 있을 거라고…"

"턱도 없는 소리! 그저 운이 안 좋았던 것 뿐이야. 도마뱀의 밥이 된 내 형제들처럼 말이다. 그것만 우연이 아니야. 네가 네 어미한테서 태어난 것도, 여기서 네가 나를 만난 것도, 이 빌어먹을 땡볕에서, 이 귀하신 몸을 굴리고 있는 것도! 결국 이 세상이 만들어진 것도! 온통! 모조리! 다! 우연이란 말이다. 우연이 바로! 이 세상을 지배하는 신이다! 낄낄낄!"

요세프는 울상이 되어 고개를 절레절레 흔들었다.

"아니에요! 아니라구요!"

요세프의 절망적인 표정과는 대조적으로 뱀은 더욱 기세등등해졌다.

"꼬마야. 생각을 해봐라. 만약 야후웨라는 작자가 너 같은 불쌍한 것들의 소원을 다 들어준다고 치자. 그러면 이 세상에는 병든 것이나, 가난한 것, 억울한 것들이 없어야 돼. 그런데 둘러보라구. 온통 병에 찌들고, 가난에 허덕이고, 억울하게 죽어가는 것 들 뿐이지 않냐? 그러면 도대체 그 야후웨라는 작자는 무엇을 하고 있는 것일까? 결국 아무 것도 하지 않는 것 아니냐? 아니면 뒈졌거나. 낄낄낄."

요세프는 뱀의 낄낄거리는 소리에 화가 났지만 몸과 마음이 너무 지쳐있어서 대꾸조차 할 수 없었다. 뱀은 그런 요세프에게 아기를 어르듯 말했다.

"이봐, 꼬마야. 살아있는 것은 모두 다 한 번은 죽는다. 일찍 죽는가, 늦게 죽는가, 그 차이뿐이야. 중요한 것은 사는 동안 얼마나 재미있게 즐기면서 사는가다!"

"그래서요?"

요세프는 뱀의 눈을 노려보았다.

"그러니까, 모든 걸 잊어버려라. 거추장스러울 뿐이다. 생각이 많으면 머리만 아파질 뿐. 모든 것을 우연에 맡기는 거야. 네 어미의 병조차도 말이다. 그럼 마음이 편안해 져."

"그건 포기하는 거잖아요!"

"그렇지! 포기는 우리의 안식! 빠르면 빠를수록 좋아. 해도 안 되는 것을 붙잡고 버둥거리는 것만큼 미련한 짓은 없어. 나는 네게서 희망을 빼앗으려고 하는 것이 아니야. 단지 진실을 말해주는 것뿐이다. 좀 아프긴 하겠지만 받아들여야 해. 야후웨는 없어! 죽었어! 낄낄낄."

요세프는 세상의 모든 감추어진 비밀을 알고 있는 듯한 뱀을 절망스럽게 쳐다보았다. 더 절망스러운 것은 그 뱀의 말이 믿어지는 자신 때문이었다.

"꼬마야, 넌 할 만큼 했어. 예루살렘으로 가지 말고 고향으로 그만 돌아가. 다 부질없는 짓이야. 네 고향으로 돌아가는 더 빠른 길을 가르쳐줄테니. 나를 따라오너라."

뱀은 동쪽으로 이어져 있는 계곡을 향해 미끄러지듯 나아갔다. 요세프는 선뜻 뱀을 따라갈 수도, 그렇다고 따라가지 않을 용기가 있는 것도 아니어서 한 동안 서 있었다. 뱀이 그런 요세프를 돌아보며 답답하다는 듯 말했다.

　"뭐하니? 꼬마야. 그 몰골로 계속 거기 서 있을래? 목이라도 축이고 돌아가야지. 그렇지 않으면 가다가 죽을지도 몰라."

　몸에 있는 기운이란 기운은 모두 다 빠져버린 요세프는 하는 수 없이 고개를 푹 숙인 채 예루살렘으로 가는 길을 벗어나 뱀을 따라 동쪽으로 걸었다. 뱀은 요세프가 따라오기 시작하자 회심의 미소를 지으며 위로하듯 말했다.

　"꼬마야, 너무 실망 말거라. 너의 그 순수함이 세월의 무게로 더럽혀지면 이 아저씨의 말이 고맙게 생각될게다. 낄낄낄."

　한참을 낄낄거리던 뱀은 갑자기 벌레 씹은 표정으로 공중을 올려다보며 신경질적으로 말했다.

"저 놈의 독수리 녀석들! 왜 저리 난리인거야?"

요세프도 같은 곳을 보았다. 독수리 떼가 낮은 하늘을 맴돌고 있었다. 문득, 조슈아 아저씨가 생각났다. 아직까지 소식이 없었다. 요세프는 더욱 우울해져 고개를 푹 숙인 채 뱀을 따라 걸었다.

뱀을 따라 한참 동안 걷던 요세프는 길가에 버려진 우물을 발견했다. 목이 말라 우물 안을 들여다보았지만 거기에는 말라비틀어진 어둠만이 도사리고 있을 뿐이었다.

뱀은 그런 요세프를 무심하게 돌아보고는 다시 앞서 가기 시작했다. 요세프도 우물을 뒤로 하고 다시 뱀을 따라 걸었다. 그러다 문득, 사람 마을에서 만났던 여인의 말이 생각났다.

'혹시, 네가 찾고 있는 그 분이 널 실망시키더라도, 너무 슬퍼 말거라. 언젠가는 그 분이 널 찾으실 테니까. 언젠가는, 말이다. 중요한 것은 끝까지 포기하지 않는 거란다.'

요세프의 귓가에는 '중요한 것은 끝까지 포기하지 않는 것'이라고 했던 여인의 목소리가 맴돌기 시작했다. 요세프는 지독한 악몽에서 깨어나기라도 하려는 듯 머리를 세차게 흔들었다. 그 소리가 하도 처절해서 앞서 가던 뱀이 돌아볼 정도였다.

"무슨 일이냐? 꼬마야?"

뱀은 순간, 요세프의 얼굴에서 야후웨의 살벌한 기운을 본 것 같았다.

'아냐! 아닐 거야. 잘 못 봤겠지.'

뱀은 그 기운을 애써 외면하려는 듯 머리를 부르르거리며 흔들었다. 야후웨로 놀란 가슴을 채 진정하기도 전에 요세프의 카랑카랑한 목소리가 뱀의 따귀를 때리듯 울려 퍼졌다.

"아저씨, 아저씨의 말이 사실일 수는 있겠지만! 그, 그래서 야후웨님이 죽었을 수도 있지만! 혹, 야후웨님이 살아있다 하더라도 우리 같은 것 거들떠보지 않을 수도 있겠지만! 모든 게 소용없을 수도 있지만! 그렇지만!"

갑자기 눈물을 글썽이며 바락 바락 소리를 질러대는 요세프를 뱀은 멍하게 쳐다보았다.

"그래도 가보고 싶어요. 포기하긴 싫어요. 아저씨, 안녕히 가세요!"

요세프는 뱀에게 간단히 목례를 하고는 모질게 등을

돌렸다. 어안이 벙벙해진 뱀은 꼬리를 빠르게 진동시킴으로써 다시금 전열을 가다듬었다. 요세프는 이미 뒤돌아서 걷기 시작했으므로, 뱀의 날카로운 이빨이 번득거리는 것을 보지 못했다. 뱀은 음산한 쇳소리를 내며 말했다.

"낄낄낄. 꼬마야, 넌 정말 어리석구나. 그래, 그러려무나. 네가 가든 안 가든 그건 내 상관할 바는 아니야. 하지만 넌 우리들의 배고픔을 해결해주어야 한다는 점에서는 아주 많이 상관이 있지. 낄낄낄!"

요세프는 그 말이 무슨 의미인지 몰라 뱀을 돌아보았고, 동시에 커다란 뱀이 튀어 올랐다. 거의 반사적으로 뱀의 날카로운 이빨을 피한 요세프는 그를 피해 정신없이 달리기 시작했다. 하지만 얼마가지 못해, 다른 뱀이 요세프의 앞길을 가로 막았다. 다급히 방향을 틀었지만 그곳에도 이미 수많은 뱀들이 혀를 날름거리며 기다리고 있었다. 어느새 사방이 뱀 천지였다. 어쩔 줄 몰라하는 요세프에게 커다란 뱀이 낄낄 거리며 다가왔다.

"꼬마야, 이것도 다 운이 없어서 그런 것이니, 우리를 탓하지는 마. 알았지? 아니, 아니야. 의미가 완전히 없지는 않겠군. 굶주린 우리 뱀의 피와 살이 될 테니까. 낄낄낄."

요세프는 거의 절망적으로 사방을 두리번거렸다. 헤아릴 수 없이 많은 뱀들이 혓바닥을 날름거리며 다가오고 있었다.

'뱀을 따라온 게 잘못이었어.'

요세프는 자신의 어리석음을 탓했고, 너무 늦었다고 생각했다. 그때였다.

"요세프! 이쪽이야!"

요세프가 소리가 들리는 방향을 쳐다보았다. 조슈아였다.

"아저씨!"

"요세프! 이쪽으로 뛰어!"

조슈아와 낯선 독수리들이 위협적인 발톱과 날갯짓으로 뱀을 흩어버리기 시작했다. 뱀이 사납게 튀어 오르면서 독수리를 공격 했지만 날짐승들의 속도를 따라잡지는 못했다. 순식간에 뱀의 포위망에 공간이 열렸다. 요세프는 그 방향으로 돌진했다. 뱀의 비명소리와 독수리들의 날갯짓으로 인한 거센 바람이 요세프의 귓가를 빠르게 스쳐지나갔다.

뱀의 포위망을 가까스로 벗어나긴 했지만 여전히 여기저기에서 뱀이 튀어 올랐다. 요세프는 사방에서 덤벼드는 뱀을 요리 조리 피하면서 한참을 뛰었다. 얼마나 달렸을까, 조슈아의 목소리가 다시 들려왔다.

"요세프! 이제 괜찮아! 이제 그만 뛰어도 돼!"

어느새 조슈아가 요세프의 앞에 내려앉았다. 다른 독수리들도 조슈아의 옆에서 날개를 접었다.

"요세프! 요세프! 괜찮니?"

"헥! 헥! 헥! 아, 아저씨!"

요세프는 숨이 차서 제대로 말을 잇지 못했다. 조슈아는 미소를 지으며 요세프에게로 다가갔다.

"요세프, 이제 안심해. 괜찮아."

숨을 가까스로 고른 요세프는 조슈아를 와락 끌어안았다.

"아, 아저씨! 이제 오셨군요! 너무 보고 싶었어요! 엉엉!"

조슈아는 멋쩍은 표정과 엉거주춤한 자세로 요세프를 따뜻하게 안아주었다. 한참을 울던 요세프는 조금 진정이 되자 눈물을 닦으며 조슈아에게 말했다.

"아저씨, 또 저를 구해주셨네요. 아저씨 아니었으면, 이번에는 뱀의 먹이가 되었을 거예요. 정말 감사합니다."

"하하, 뭘, 친구라면 당연히 그래야지. 하하."

요세프는 조슈아가 정말 멋지다고 생각했다.

"늦게 와서 미안해, 요세프. 이 구역 대장 독수리의 비행허락을 받느라 이틀, 널 찾느라 꼬박 하루가 걸렸지 뭐냐. 그런데, 도대체 저 사악한 자식은 왜 따라가고 있었어? 아까 거긴 뱀 골짜기였단 말이야."

"아저씨, 죄송해요. 저도 왜 그랬는지 모르겠어요."

"그림신산에서 야후웨를 만나지 못했던 거구나."

요세프는 시무룩하게 고개를 끄덕이며 지금까지 일어났던 일을 조슈아에게 모두 말해 주었다.

"그랬구나, 그래서 그림신산에서 다시 예루살렘으로 가고 있었단 말이지? 그리고 도중에 못된 뱀을 만나서 여기까지 오게 된 거고…"

요세프는 아무 말 없이 조슈아를 바라보았다. 조슈아는 그런 요세프의 머리를 쓰다듬어 주었다. 요세프는 울먹이며 말했다.

"어떻게 해야 할지, 어디로 가야 할지 모르겠어요. 어머니가 지금 어떤 상태인지 걱정되어 죽겠는데… 돌아가 볼 수도 없고…"

"별일 없을 테니 너무 걱정하지는 마. 어머니는 괜찮으실 거야. 아직 네 고향 쪽에서는 죽음의 기운이 특별히 강해지진 않았으니까."

요세프의 표정이 조금 밝아졌지만 금세 또 시무룩해져서 말했다.

"아저씨, 이제부터가 걱정이에요. 야후웨님을 만날 수 있다는 예루살렘에는 인간들로 북적댄다고 하고…, 못된 뱀 아저씨는 야후웨님이 죽었을 거라고, 가봤자 헛수고일거라고 하고…"

조슈아는 울먹이는 요세프의 어깨를 커다란 날개로 토닥거려주었다.

"요세프, 주위의 의견은 참고만 하거라. 중요한 것은 네가 결정하는 거야. 여기서 포기하고 네 고향으로 돌아가서 어머니와의 마지막 시간을 함께 하든지, 아니면 예루살렘으로 끝까지 가보든지. 선택은 네 몫이야. 모든 것은 너한테 달렸단다. 너의 결정에 대해 믿음을 가져야 해."

조슈아는 '내가 이렇게 멋진 말을 하다니!'라고 생각하며 어깨를 으쓱하였다. 요세프는 흔들리는 눈동자로 그를 바라보았다. 금방이라도 눈물이 흐를 것 같았다. 지금까지 무척이나 씩씩하게 견뎌왔지만, 지금 내려야 할 선택의 무게는 요세프에겐 너무나 무거웠다. 지금 돌아가면 어머니는 다시 볼 수 있겠지만 병은 고칠 수가 없게 될 것이다. 반대로 예루살렘으로 가서 혹시 잘못 되기라도 하면 어머니를 아예 볼 수가 없게 되는 것은 물론 최악의 경우 요세프 자신도 죽을 수 있다. 거기에서 야후웨를 만난다는 보장이 있는 것도 아니다. 조슈아는 인내심을 가지고 요세프의 결정을 기다려주었다. 요세프는 땅바닥에 답이 적혀있기라도 한 듯 고개를 떨군 채 가만히 서 있었다. 요세프의 어깨가 바르르 떨렸다. 거의 동시에 두 세 개의 커다랗고 동그란 눈물 자국이 땅 바닥에 툭툭거리며 찍혔다. 조슈아의 가슴이 아파왔다. 한 동안 그렇게 고개를 숙이고 있던 요세프는 앞발로 눈물을 닦았다. 결심을 한 것 같았다.

"아저씨, 가겠어요. 끝까지 가볼래요."

요세프의 목소리는 가늘게 흔들렸지만 그 의지만큼은 확고하다는 것을 조슈아는 느낄 수 있었다.

"그래, 알았다, 요세프. 넌 정말 대단한 아이구나."

요세프와 조슈아는 눈물 가득한 서로의 눈을 보면서 웃었다.

"아저씨, 저기 보세요!"

요세프가 공중을 가리키며 말했다. 조슈아도 같은 방향을 보았다. 거기에는 아까보다 더 많은 독수리들이 맴돌고 있었는데, 하늘을 거의 뒤 덮다시피 하고 있었다. 조슈아가 심각한 표정으로 말했다.

"정말 이상해. 이 근방의 모든 독수리들이 여기로 모여들고 있어. 비행허락을 받는 데 이틀이나 걸린 이유도 신청자가 너무 많아서였거든. 죽음의 기운이 이렇게 강한 경우는 처음이야. 지금까지 이런 일은 없었는데…"

요세프는 무서워졌고 동시에 궁금해졌다. 도대체 누가 죽어가고 있기에 그렇게 강한 죽음의 기운이 퍼지고 있는 것일까…

조슈아는 같이 온 독수리들을 요세프에게 소개시켜

주었다. 그들은 조슈아의 고향에서 온 독수리들이었는데, 조슈아의 어머니가 여전히 살아있음을 알려주었다고 했다. 요세프는 깨달았다. 조슈아의 얼굴에서 근심의 그림자가 완전히 걷힌 이유를. 문득, 조슈아가 부러워졌다.

뱀 골짜기를 완전히 벗어날 때 까지 조슈아는 요세프와 같이 동행해 주었다.

"요세프, 여기서부터는 안전할 거야. 그리고 예루살렘 성전까지 안전하게 들어갈 수 있는 방법이 생각났어! 일단 넌 예루살렘을 향해 계속 가거라. 여기서 반나절 정도 거리니 금방 도착할 거다. 하지만 절대 성안으로는 혼자 들어가지마. 우리가 도와줄게. 알았지?"

요세프는 영문은 모른 채 끄덕였다. 조슈아와 그의 친구들은 커다란 바람을 일으키며 하늘로 날아오르더니 북쪽으로 사라졌다.

예 루 살 렘

다시 혼자가 된 요세프는 가던 길을 재촉했다. 여전히 어떻게 할지, 앞으로의 일이 어떻게 될지 몰라 불안하고 무서웠지만 조슈아와 나디아 같은 친구가 있다는 사실만으로도 기분이 좋아졌고 행복해졌다. 심지어 뚱뚱보 무당 코끼리, 우마르마저 보고 싶어질 지경이었다.

그림신산 털북숭이 양의 말대로 예루살렘으로 향할수록 사람들과 그들에 의해 끌려가는 소나 염소, 양 떼가 많이 보였다. 대부분은 인간들의 제사에서 죽을 희생제물일 것이다.

드디어 예루살렘이 멀리 보이는 언덕에 다다랐다. 누가 가르쳐 주지 않더라도 지평선을 덮고 있는 도시가 예루살렘인 것을 금방 알 수가 있었다. 높은 성벽이 솟아있었고 그 중앙에 성문이 있었는데, 성문 안과 밖으로 수많은 사람들이 끊임없이 드나들고 있었다.

성문 왼쪽으로는 커다란 연못이 있었다. 성벽은 연못 주위를 따라 남쪽, 동쪽, 남쪽으로 꺾이면서 이어지고 있었는데, 그 연못 주위로 수많은 사람들이 앉아 있거나 드러누워 있었다. 대부분은 병든 사람들인 것 같았다.

연못 뒤쪽으로 이어지는 성벽 안으로는 다른 것과는 뚜렷이 구별되는 건물이 또 다른 성벽처럼 사각형 모양으로 높이 솟아 있었다. 요세프는 그것이 바로 성전임을 한 눈에 알아보았다.

'저기가 바로, 예루살렘 성전…'

예루살렘 성과 성전을 직접 본 요세프는 다리에서 힘이 쭉 빠져 나가는 느낌이 들었다. 성 안과 밖에 있는 저 수많은 사람들에게 들키지 않고 성전으로 들어가는 것은 거의 불가능해 보였기 때문이었다.

'조슈아 아저씨가 기다리라고 했지.'

요세프는 땅바닥에 엎드려 앞발로 턱을 괸 채 예루살렘 성을 물끄러미 바라보았다. 피곤이 갑자기 밀려왔다.

요세프의 어머니가 요세프를 향해 미소 짓고 있었다. 요세프는 어머니를 향해 뛰어갔지만 어머니는 점점 더 멀어지고 점점 더 희미해지기 시작했다.

'어머니! 가지마세요! 가지마세요!'

그녀의 입이 벙긋거렸지만 아무 소리도 들리지 않았다. 병 때문에 혀까지 굳어버렸다고 요세프는 생각했다.

'어머니! 조금만 견디세요! 꼭 병을 고쳐드릴게요!'

요세프는 울면서 어머니를 향해 뛰어갔다. 하지만 그녀의 사라지는 속도를 따라잡을 수는 없었다.

'어머니! 어머니! 어, 엄마! 엄마!'

"요세프! 요세프! 일어나!"

조슈아가 걱정스러운 표정으로 요세프를 내려다보고 있었다. 잠에서 깬 요세프가 황급히 일어나자, 조슈아는 그제야 안심이 되는 듯 미소지으며 말했다.

"나쁜 꿈을 꾼 모양이로구나. 어디 아픈 건 아니지?"

"아, 아니에요, 아저씨. 괜찮아요."

요세프는 울지 않으려고 눈에 가득 힘을 주었다. 하지만 조슈아와 그의 친구 독수리들 사이에서 나디아가 손을 흔들고 있는 것을 보자 그때까지 억지로 참았던 울음을 터뜨리고 말았다.

"나디아니이이임! 으아앙!"

"요세프…"

"몸은 괜찮으세요?"

"응, 이제 괜찮아. 제카리아 할아버지 나무 그늘 밑에서 며칠 푹 쉬었더니 좋아졌어."

그녀는 팔락거리며 날아오르더니 활기차게 말했다.

"혼자서 이렇게 멀리까지 오다니! 요세프, 너 정말 대단하구나. 네가 너무 자랑스러워!"

그런 그녀를 보며 요세프도 덩달아 신나서 말했다.

"저 혼자였다면 못 했을 거예요. 모두들 절 도와주신 덕분이죠. 헤헤헤!"

나디아는 늘 그랬듯 야후웨의 등에 사뿐히 내려앉았다.

"어? 저건 뭐에요? 아저씨?"

요세프는 독수리들 사이에 있는 물건을 가리키며 말했다. 조슈아가 웃으며 설명했다.

"제카리아 할아버지가 옛날에 썼던 물건이래. 인간들은 안장이라고 부르는 것이야."

"근데 아저씨, 저걸 어디에 쓸 건데요?"

조슈아는 날개를 쫘악 폈다 멋지게 접으며 자랑스럽게 말했다.

"잘 들어, 요세프. 좀 있으면 밤이 될 거야. 밤이 되면 깜깜해지겠지. 인간들은 깜깜해지면 집에 들어가 잠을 자거든."

"그래서요?"

"바로 그 때를 노리는 거지."

"밤이 되면 성문이 닫힐 텐데요?"

"그래서 우리가 있잖아. 우리의 튼튼한 날개와 발톱으로 널 예루살렘 성전까지 공중으로 운반해 줄 거야. 성전의 옥상에 널 내려주마. 하하하!"

"아하! 그래서 저 안장이 필요한 거군요!"

조슈아는 어깨에 잔뜩 힘을 주며 웃었다.

"그렇지! 음하하하하!"

이번에는 나디아가 자랑스럽게 끼어들었다.

"그때 내가 필요하대! 호호호."

"나디아님이 필요한 이유가 뭐죠?"

"밤이 되면 깜깜해지니까 앞이 보이지 않을 거야. 내가 독수리 친구들의 눈이 되는 거지… 호호호."

요세프는 그제야 조슈아가 나디아를 데려온 이유를 깨달았다.

"조슈아 아저씨, 그리고 친구 분들, 나디아님, 모두 감사합니다. 정말 감사합니다."

요세프는 너무나 행복하고 기뻤다. 모두들 즐겁게 어깨동무를 하며 환하게 웃었다.

이윽고 밤이 되었다. 예루살렘 성문 근처와 연못 주위에서 피어오른 모닥불 이외에는 달도 별도 모두 구름 속으로 숨어버린 아주 깜깜한 밤이 되었다.

"준비 됐니? 요세프?"

요세프는 뒤집혀진 안장에 배를 깔고는 네 다리를 안장 바깥으로 내밀었다. 이윽고 강력한 바람이 일었다. 조슈아와 친구 독수리들이 안장에 연결된 밧줄을 발톱으로 단단히 움켜쥔 채 날갯짓을 했기 때문이었다. 그들의 날갯짓은 거의 태풍 같았다. 이윽고, 요세프의 다리가 땅에서 떨어졌다.

"우와! 떴다! 우와! 신난다! 야호!"

"요세프, 신나는 건 알겠지만, 조용히 해…"

나디아가 요세프에게 속삭였다. 요세프도 같이 속삭였다.

"넵, 죄송해요…"

나디아의 말대로 밤이라 아무것도 보이지 않았다. 그녀가 아니라면 절대 불가능한 작전이었을 것이다.

"자! 계속 전진하세요오! 호호호. 이거 재밌다. 호호호"

"이봐요. 나디아양, 그대가 더 시끄럽소…"

조슈아와 나디아는 깜깜한 예루살렘의 밤하늘 아래에서도 티격태격 하였다.

예루살렘의 밤은 광야의 밤처럼 추웠다. 더군다나 독수리의 날갯짓으로 만들어진 엄청나게 강하고 차가운 바람이 요세프의 온 몸을 휘감았다. 야후웨님을 만날 수 있다는 소망이 아니었다면 견딜 수 없을 만큼 춥고 괴로웠다.

"자! 조심. 예루살렘 성벽 안쪽으로 들어왔어요. 밤이라도 깨어 있는 사람이나 군인이 있을 수 있으니 조심해야 해요!"

방향을 알려주는 나디아의 목소리에서 긴장감이 느껴졌다. 요세프도 나디아의 목소리에 집중하였다.

"약간 오른쪽으로 방향을 바꾸세요! 그렇지, 그렇지. 조금만 더, 좋아, 계속 가세요! 자, 조금만 가면 성전 옥상 바로 위에요. 아니 아니, 조금 왼쪽으로, 아유! 지나

쳤어요. 다시 완전히 뒤로 가야해요! 그렇지! 오우 이런!
너무 돌았어요, 다시 오른쪽으로…”

요세프는 바람의 방향이 수시로 바뀌는 것을 느꼈다.
방향을 잡기가 까다로웠는지 몇 번이나 왔다 갔다 하는
것 같았다. 몇 번의 시도 끝에 나디아가 신나게 소리쳤
다.

“좋아요! 여기서 곧장 아래로 내려가요!”

한참을 내려가자 요세프의 발굽이 딱딱한 바닥에 닿
았다.

“됐어요! 됐어!”

기쁨에 소리치던 요세프는 안장과 함께 쿠당탕거리
며 딱딱하고도 차가운 바닥에 널브러졌고 독수리들과
나디아는 요세프 옆에 사뿐히 내려앉았다.

“괜찮니? 요세프?”

“아야, 아야… 괘, 괜찮아요. 안장 밑에 발이 끼어서
살갗이 약간 벗겨진 것만 빼고요. 아이고, 아파.”

나디아가 요세프에게 속삭였다.

“여기가 성전 옥상이야. 그러니까 섣불리 움직이면

위험할 수 있어."

이어서 조슈아가 말했다.

"요세프, 이제부터는 진짜 너 혼자 해야 해. 야후웨 님을 만나서, 꼭 네 어머니의 병을 고쳐. 알았지?"

요세프는 아무 것도 보이지 않았지만, 나디아의 미소 와 조슈아의 멋진 표정을 느낄 수 있었다.

"알았어요. 꼭 해낼게요. 모두들 절 도와주셔서 정말 감사합니다."

"아냐, 요세프, 오히려 내가 고마웠어. 너 때문에 많 은 것을 배웠거든."

나디아의 말이었다.

"네? 뭘요?"

"먼저 다가가는 것은 결코 지는 것이 아니라는 것을 말이야. 그리고 누군가를 도와주는 것이 정말 기분 좋 은 일이라는 것도. 다 네 덕택이야."

"에헤헤, 제가 뭘…"

이번에는 조슈아가 가슴을 한껏 부풀리며 말했다.

"요세프, 나도 정말 고마워."

"예? 아저씨는 왜…"

"네가 아니었다면, 비겁하게 걱정만 하고, 죽은 고기나 먹으며 세월을 낭비했을 거야. 너와 같이 다니며 정말 많은 것을 배웠다. 그리고 있잖아… 음…, 고향으로 가볼까 해. 어머니를 만나 뵈러… 고맙다. 요세프."

요세프는 기쁨으로 가슴이 벅찼다. 무엇인가를 말하려고 했지만 눈물이 날 것 같아서 헤헤거리기만 했다.

모두 요세프를 한 번 씩 꼭 껴안아주고는 공중으로 날아올라 왔던 길로 되돌아갔다. 깜깜해서 아무 것도 보이진 않았지만, 요세프는 그들이 멀어져서 보이지 않을 것이라고 짐작될 때까지 앞발을 흔들어 주었다.

결국, 요세프는 칠흑 같은 어둠 속에 다시 혼자가 되었다. 갖가지 생각들이 요세프의 머릿속으로 밀려들기 시작했다. 아주 커다란 불안함과 두려움, 그리고 아주 작은 기대감과 희미한 희망 같은 것들이었다. 요세프는 여태껏, 크고 확실한 것 대신 작고 희미한 것만을 부여잡고 여기까지 온 것이었다.

'여기가 야후웨님이 내려오신다는 예루살렘 성전이다!'

이 세상 모든 것을 만들었다고 전해지는 신을 이제 직접 만나야 한다고 생각했기 때문이었을까, 요세프는 한 동안 호흡조차 제대로 되지 않을 정도로 긴장하고 있었다. 호흡을 가까스로 가다듬은 요세프는 두 세 걸음 앞으로 나섰다. 마치 그 방향에 야후웨가 자신을 내려다보고 있기라도 한 것처럼. 그리곤 조심스레 속삭였다.

"저… 야후웨님, 야후웨님을 만나는데… 호… 혹시 희생 제물이라는 게 필요하시다면… 그, 그러니까 누가 꼭 죽어야 한다면요. 제가 가진 것이 아무 것도 없네요. 그, 그러니까… 저, 저를 주, 죽여주세요. 저, 저는, 주, 죽어도… 괜찮거든요. 대, 대신 우리 어머니의 병은 꼭 고쳐주세요. 그, 그리고 염치없지만… 야후웨님께서 제 기도를 들어주셔서… 제, 제가 죽게 되더라도… 우리 어, 엄마 얼굴은 한번만 더 볼 수 있게 해 주세요… 이렇게 부탁드려요…"

떨리는 음성으로 이렇게 말해버린 요세프는 야후웨의 대답을 조용히 기다렸다. 가슴이 심하게 콩닥거렸다. 하지만 무시무시한 정적만이 어둠과 함께 덮여 있을 뿐, 들리는 것이라곤 멀리서부터 메아리쳐 울리는 사람의 말소리나, 아기 우는 소리, 그릇 깨지는 소리 같은 것들뿐이었다. 문득 야후웨님이 앞으로도 자신의 기도에는 영원히 대답하지 않을 지도 모른다는 걱정이 차가운 바람과 함께 요세프의 온몸을 휘감았다. 요세프는 자신의 죽음보다 그것이 더 두려웠는지도 몰랐다.

할 수 있는 것은 다했다고 생각하자 현기증이 몰려왔다. 그때까지 느껴지지 않았던 추위와 배고픔과 외로움과 두려움과 어머니를 향한 그리움이 한꺼번에 밀려들었기 때문이었다. 요세프는 하는 수 없이 자신이 타고 온 안장 밑으로 기어들어가 몸을 웅크렸다. 자신도 모르게 온몸이 들썩거렸다. 서러운 눈물이 끊임없이 흘러내렸다.

달도 별도 없는 춥고도 외로운 밤이었다.

성전

    눈을 번쩍 떴다. 순간 강렬한 햇빛과 시끄러운 소리가 요세프의 온 몸을 바늘처럼 콕콕 찔러대고 있었다. 어느새 날이 밝았고, 살을 에는 듯했던 어젯밤의 한기(寒氣)가 모든 것을 태워버리려는 열기로 바뀌어 요세프를 둘러싸고 있었다.

    눈이 부셔서 한 동안 앞을 볼 수가 없었다. 마비된

시각 때문에 예민해질 대로 예민해져버린 청각은 수많은 사람들의 외치는 소리, 갖가지 동물의 울부짖는 소리, 차가운 금속성 소리, 나무가 부닥칠 때 나는 둔탁한 소리를 더욱 입체적으로 만들어주었다. 시각을 서서히 되찾자 아래로 마당 같은 곳이 보였는데, 그야말로 시장바닥 같았다. 비둘기며, 양이며, 온갖 동물들이 보였고, 돈을 바꾸어주는 사람, 돈을 바꾸려는 사람, 동물을 끌고 들어오는 사람, 동물을 끌고 나가는 사람으로 발 디딜 틈이 없었다.

그때서야 요세프는 어젯밤에 조슈아와 그의 친구들, 그리고 나디아가 자신을 성전 옥상에 내려다 준 사실을 기억해냈고, 자신이 바로 그 성전 옥상에 서있음을 깨달았다.

난감했다. 야후웨님을 찾아서 여기까지 왔는데, 정작 야후웨님은 이 소란하고 엉망진창인 곳에는 도저히 계실 것 같지가 않았기 때문이었다. 조금 위험하더라도 어젯밤에 야후웨님을 더 찾아볼 걸 하는 후회가 밀려왔다. 어쩌면 뱀의 말대로 야후웨님이 진짜 죽어버렸는지도 모른다는 생각마저 들었다.

요세프가 이 생각 저 생각으로 성전 옥상의 가장자리를 왔다갔다하고 있을 때였다. 휙 거리는 소리와 함께 요세프의 목이 휘청거리며 뒤로 꺾였다. 그 바람에 요세프는 중심을 잃고 뒤로 나자빠지고 말았다.

"잡았다. 잡았어!"

"다치지 않게 조심해! 이게 웬 떡이냐! 이히히히."

굵직하고도 흥분되어 있는 인간들의 목소리, 역겨운 인간들의 냄새와 거친 호흡, 까칠하고도 더러운 천의 사삭거리는 소리가 요세프의 모든 감각을 마비시켜 버렸다. 요세프는 자신이 어떠한 상황에 처해있는지를 파악하지도 못한 채 있는 힘껏 발버둥을 쳤지만 강력한 밧줄과 우악스러운 손이 요세프의 목과 몸통을 짓눌렀다.

"그런데 이 나귀새끼가 어떻게 성전 옥상에 올라와 있는 거지? 하늘에서 떨어졌나?"

"그럴 리가 있나? 어쨌든, 잘 씻기고 먹이면 제값은 톡톡히 받을 수 있겠어! 이히히히!"

"어이! 이것 봐! 말안장도 있네? 이건 또 왜 여기 있지?"

"참 별일일세. 이놈의 나귀새끼가 하늘을 나는 마법 말안장이라도 타고 왔나보지 뭐… 낄낄낄. 일단 가지고 가자구. 어허허허."

"이것 놔요! 놔요!"

요세프가 큰소리로 울부짖자 남자가 요세프의 주둥이를 틀어쥐더니 주먹으로 내리쳤다. 요세프의 눈에서 커다란 눈물이 주르륵 흘러내렸다. 동시에 엄청난 힘이 요세프를 끌어당겼다. 눈앞으로 하늘이, 성전 옥상의 낮은 벽이, 털이 수북한 사람의 얼굴 몇 개가 빠르게 지나갔다. 그러다가 요세프의 몸이 아래쪽으로 쑥 내려갔다. 딱딱한 계단 모서리가 요세프의 온몸을 두드려댔다. 성전 옥상에서 마당으로 향하는 계단을 거의 구르다시피 끌려 내려온 요세프는 평지에 발을 디디기도 전에 더 억센 힘에 끌려갔다. 사람들의 온갖 표정과 여러 가지 색의 옷, 남자들의 어깨나 팔뚝, 바구니 같은 것이 휙휙 지나갔다. 누구는 휘파람을 불었고, 누구는 요세프의 갈기를 움켜쥐었고, 누구는 요세프의 꼬리를 잡아 흔들었다.

"어이 손대지 매! 내가 잡았다니까! 내 거야!"

"어이 이사람, 성전에서 잡았으면 성전에 바쳐야지!"

"그런 소리 말어! 내 거라니까! 저리 꺼지지 못해?"

이미 힘이 다 빠져버린 요세프는 수많은 사람들과, 수많은 물건들에 부딪히며 계속 끌려갔다.

얼마나 끌려나왔을까. 왁자지껄하던 분위기가 일순간

에 사라지고 휑한 모래바람이 요세프의 눈앞을 가렸다. 어느새 예루살렘 성 밖까지 끌려 나온 모양이었다. 뒤를 돌아보니 예루살렘 성문이 점점 더 멀어지는 것이 보였다. 성전의 옥상은 아예 보이지도 않았다.

"안돼! 안돼! 어떻게 여기까지 왔는데. 이것 놔요! 놓으라구요!"

요세프는 온힘을 다해 버텼지만 우악스러운 남자들의 힘을 당해낼 수는 없었다. 어젯밤에는 멋지게 공중으로 날아 들어왔다가, 오늘은 땅바닥으로 질질 끌려 나가고 있는 이 상황이 도무지 믿기지가 않았다. 친구들의 모든 도움이 이렇게 물거품이 되어 버리다니! 이제 꼼짝없이 인간들의 노예가 되어 버릴 것이 분명하였다. 병든 어머니도, 고향도 이젠 두 번 다시 볼 수 없게 된 것이다. 뱀의 말을 듣지 않은 것이 후회가 되었다. 그때라도 되돌아갔더라면 그나마 어머니의 얼굴은 볼 수 있었을 텐데…

요세프는 그렇게 예루살렘 성에서 한참이나 끌려나

왔다. 끌려가지 않으려고 저항을 하면 어김없이 발길질이 요세프의 엉덩이에 날아들었다. 그럴 때마다 굵고도 서러운 눈물이 흘러내렸다. 남자들은 벌써 요세프를 팔아버릴지, 자신의 집에서 일을 시킬지에 대해 열심히 토론하고 있었다. 누군가는 성전에서 잡았으니 성전에 다시 바쳐야 하지 않나 염려하는 이도 있었다. 요세프가 크게 소리쳤다.

"맞아요! 성전으로 저를 데려가 주세요! 아니면 야후웨님께 벌을 받을 거에요!"

"이 놈의 나귀새끼가 왜 이리 시끄러!"

발길질이 요세프의 엉덩이로 또 다시 날아들었고 요세프는 옆으로 꼬꾸라졌다. 몸을 온전히 일으킬 새도 없이 질질 끌려갔다.

이윽고 어느 마을, 어느 집 뜰로 끌려가 땅바닥에 박힌 커다란 말뚝에 매였다. 아마 요세프를 끌고 온 남자들 중 한 사람의 집인 것 같았다. 목을 세차게 흔들었지만 튼튼한 밧줄은 더욱 세게 요세프의 목을 조를 뿐이었다.

집안은 소란스러워졌다. 남자들은 어떻게 해서 나귀를 잡았는지에 대한 무용담을 침을 튀겨가며 떠들어대기 시작했다. 뒤이어 요세프를 어떻게 처리할 지에 대한 논쟁이 벌어졌고, 다음 날 시장에 내다 팔기로 결정되었다. 이어서 요세프를 판돈으로 무엇을 할지에 대한 토론이 이어졌다. 그 시끄러운 회의는 끝날 줄을 몰랐다.

어느새 날이 저물었다. 여자들이 요세프가 먹을 수 있는 야채며 곡식을 그릇에 듬뿍 담아주었다. 많이 먹여야 장에서 제값을 받을 수 있을 것이었다. 하지만 요세프는 아무 것도 먹을 수가 없었다. 그렇게 뜬 눈으로 밤을 새웠다. 밤새도록 울고 또 울었다. 차가운 모래바람 말고는 이 세상의 그 어떤 것도 요세프의 눈물을 보아주지 않는 것 같았다. 그날 밤, 요세프는 처음으로 야후웨를 원망하고 원망했다. 야후웨가 죽은 것이 확실하다고 생각했다.

여전히 달도 별도 없는 춥고 외로운 밤이었다.

야후 웨

　다음 날이 되자, 요세프는 집 밖 길거리로 끌려나와 묶였다. 거기서 여자들은 긴 여행으로 더러워진 요세프의 등이며 다리를 닦아 주었다. 남자들은 좀 더 깨끗이 닦으라며 소리를 질러댔다.

　지난 밤을 뜬 눈으로 새운 요세프는 가만히 있을 수밖에 없었다. 요세프는 태어나서 처음으로 철저하게 절망하고 있었다. 이름 모를 누군가의 집에서 죽을 때까지 노예처럼 일해야 하는 운명에, 그 동안 자신의 일처럼 도와주었던 나디아도 조슈아도, 그리고 그렇게 사랑했던 어머니도 이제 영영 볼 수 없게 되었다는 사실에, 그렇게 찾고 찾았던 야후웨님의 침묵과 그의 냉정한 외면에…

그때였다. 요세프의 몸을 닦던 여자들이 누군가와 말을 주고받더니 어디론가 급히 뛰어가 버렸다. 집안에 있던 남자가 화가 나서 소리를 질렀지만 여자들은 이미 사라져 버린 후였다. 곧이어 웅성거리는 소리, 뛰어가는 발자국 소리, 아이들의 환호하는 소리, 남자의 욕하는 소리가 뒤섞여서 들려왔다. 마을 전체에 소란이 일어난 듯 했다.

요세프가 극도의 불안함으로 두리번거리고 있을 때 두 명의 낯선 남자가 다가왔다. 한 사람은 요세프의 얼굴을 요리조리 쳐다보더니 고개를 끄덕였고, 다른 사람은 말뚝에 매인 밧줄을 풀기 시작했다. 요세프는 자신을 시장으로 끌고 갈 사람들일 것이라 생각했다. 그 때 집 안쪽에서 남자의 화난 목소리가 들려왔다.

"어이! 주인 허락도 없이, 당신들 뭐하는 거요?"

밧줄을 풀던 사람이 몸을 일으키며 말했다.

"주님께서 쓰실 겁니다."

침착했지만 뭔가 흥분되어 있는 말투였다. 그 말을 들은 남자는 뭔가에 홀린 듯 멍하니 있다가 더듬거리며 말했다.

"그, 그렇습니까? 그, 그러면 가, 가져가쇼⋯"

놀랍게도, 그 거칠던 남자의 목소리가 공손하게 변해 있었다. 요세프는 동그란 눈으로 그 두 사람과 갑자기 공손해져버린 남자의 비굴한 표정을 번갈아가며 쳐다보았다.

그 두 사람은 요세프를 끌고는 마을 어귀 쪽으로 걸어갔다. 그곳에는 한 무리의 사람들이 기다리고 있었는데, 일제히 요세프 쪽을 보며 웃고 있었다. 어떤 사람은 고개를 끄덕이며 놀라워하기도 하였다.

"주님, 주님께서 말씀하신대로 어린 나귀를 끌고 왔습니다."

'주님'이라고 불리는 사람이 환한 미소를 띠며 요세

프에게로 걸어왔다. 그의 얼굴은 마치 '드디어 너를 만나는구나'하며 말하는 것 같았다. 그는 요세프의 갈기를 부드럽게 쓰다듬었다.

'그래, 여기까지 참 잘 와 주었다‥'

손은 거칠었지만 따뜻한 마음이 전해졌다. 요세프는 그림신산 근처, 우물가에서 만난 여인이 쓰다듬어 주던 것이 생각나서 기분이 좋아졌다.

요세프 등에 부드러운 천이 덮였고, '주님'이라 불리던 그 사람이 올라탔다. 다리가 휘청거렸다. 처음으로 사람을 태우는 것이라 중심을 잡는 데 꽤 오랜 시간이 걸렸지만 그는 인내심을 갖고 요세프가 중심을 잡을 때까지 갈기를 부드럽게 쓰다듬었다.

"그래, 그래. 잘했어."

요세프가 안정을 되찾자, 누군가가 요세프의 목에 매인 줄을 잡아 천천히 끌었다. 그 방향은 예루살렘 쪽이었다. 어제 성전 남자들에 의해 끌려왔던 길을, 이젠 낯선 누군가를 태운 채 다시 걸어가고 있는 것이었다.

요세프의 등에 탄 그는 주위의 사람들과 끊임없이

이야기를 나누었고, 몰려드는 마을 아이들을 일일이 축복해주었다. 요세프는 처음으로 사람을 태웠지만 뒤뚱거리지 않는 자신이 신기했다. 오랜 여행 동안 다리가 튼튼해 진 것이리라.

예루살렘 성문에 가까워질수록 더 많은 사람들이 모여 들었다. 어떤 사람은 커다란 나뭇가지를 흔들며 환호하기도 했다. 모두들 요세프를 타고 있는 '주님'이라는 분을 환영하고 있는 것 같았다. 요세프는 두리번거리며 그 멋지고도 놀라운 광경을 보았다.

"호산나! 호산나!"

"다윗의 자손이여 찬송을 받으세요!"

"주님의 이름으로 오시는 이여! 호산나!"

요세프는 그런 외침들이 무슨 의미인지는 알지 못했지만 적어도 자신이 아주 중요한 사람을 태우고 있다는 사실은 알 수가 있었다.

'이 사람은 누구일까? 귀한 손님인가? 아니면 인간들의 왕인가? 아니지, 왕이라면 나 같은 초라한 나귀새끼를 탈 리는 없을 텐데…'

이러저러한 생각으로 두리번거리며 걷고 있을 때, 환영 인파 중에 있던 작은 아이가 요세프의 머리를 쓰다듬었다. 그 아이의 엄마로 보이는 여자도 요세프에게 웃어주었다. 그리고, 그 순간부터, 그 수많은 사람들의 환한 웃음과 환호성, 춤추는 나뭇가지들이 요세프에게로 향하는 것 같았다. 그리고 그 모든 것들이 요세프에게 이렇게 말하고 있는 것 같았다.

"수고했다, 요세프! 그 동안 얼마나 고생이 많았니?"

"요세프! 잘했어! 정말 잘했어! 너 정말 멋진 아이구나!"

"요세프! 걱정마! 다 잘 될거야."

말로는 표현 못할 기쁨이 요세프의 가슴에도 한 가득 차올랐다.

'모든 것에는, 그 모든 것의 이유가 있단다..'

문득, 어머니의 말이 생각났다. 처연하게 바라보던 그 슬픈 얼굴도 생각났다. 그 순간, 요세프는 다른 누군가의 시선이 되어 자기 자신을 바라보고 있었다. 병든 어머니를 숲에 남겨둔 채 길을 떠나던, 우마르의 벼락 같은 방귀소리에 깜짝 놀라던, 나디아와 붉은 동굴을 헤매던, 바람 숲에서 조슈아와 재잘거리던, 커다란 호숫가의 수평선을 하염없이 바라보던, 우물가 옆에서 갈증과 배고픔으로 쓰러져 있던, 그림신산에서 미쳐버린 털북숭이 양의 이야기에 무서워 떨던, 고개를 떨군 채 뱀을 따라가던, 칠흑같이 어두운 성전 옥상에서 불안해하던, 인간에게 붙잡혀 밤새도록 울던 요세프 자신을…. 그리고 불안함과 두려움으로 누군가에 의해 끌려오는 장면을 마지막으로 자신의 모습이 사라지자, '그분'이 인자한 미소로 요세프를 내려다보고 있었다.

'도대체 이 사람은 누구일까. 왜… 이렇게도… 낯이… 익은… 것일까….'

요세프는 마치 꿈길을 걷듯, 그렇게 예루살렘 성을 향하여 나아갔다.

하지만 여전히 응어리 같은 것들이 요세프의 다른 한 쪽 마음을 짓누르고 있었다. 어머니는 병들어 있었고, 요세프 자신은 누군가에게 매여 끌려가고 있었으며, 하늘 위에는 죽음의 기운을 쫓는 독수리 무리가 맴돌고 있었다. 상황이 좋아진 것은 단 하나도 없었다.

여전히 불안했고, 여전히 두려웠으며, 여전히 절망하고 있었다. 하지만 동시에 정체 모를 평안과 기쁨이 요세프의 마음을 짓누르고 있었다. 그 무게는 요세프가 태우고 있는 '그분'의 무게와 비슷한 것 같았다.

마침내! 예루살렘 성안으로 '다시!', 이번에는 걸어서 '당당하게!' 들어왔다. 수많은 사람들이 몰려들어 그를 환영했다. 특히 병든 사람들, 여자들, 어린 아이들이 좋아했다. 멀리서는 화려한 옷을 입은 남자들이 무서운 표정으로 요세프 쪽을 바라보고 있었다. 그들은 자기들끼리 무엇인가를 수군거리기도 했다.

한참이 지나자, 환호하던 사람들이 하나 둘 씩 흩어지기 시작했고, '그분'과 그를 따라온 사람들만 남게 되었다. 요세프는 처음으로 사람을 태운 것이 힘들긴 했지만 무척이나 기분이 좋았다. '그분'이 내리자 서운한 마음까지 들 정도였다.

"주님, 이제 어디로 가실 겁니까?"

누군가의 말에 그가 대답했다.

"우선, 성전에서 할 일이 있습니다. 먼저 가십시오.

난 뒤 따라 가겠소.”

  '성전? 성전?'

  성전이란 말에 요세프의 귀가 움찔거리고, 다리에 힘
이 들어갔다. 요세프는 성전을 향해 뛰어가기 위해 앞
발을 들었다 놓았다 했다. 그때, '그분'이 요세프의 머리
맡에 쭈그려 앉더니 목덜미를 쓰다듬었다. 요세프는 '그
분'의 눈을 보았다. 인자한 어머니의 것과 닮았다고 생
각했다.

  '요세프, 요세프…'

  '그분'의 음성이 들려왔다. 분명 입은 움직이지 않았
지만 목소리는 또렷이 들렸다. 낮고 평안한 목소리였다.

  “어? 어떻게 제 이름을?”

  '그분'은 요세프의 얼굴을 팔로 꼭 껴안았다. 그의
부드러운 온기가 느껴졌다.

  '먼 길 오느라 고생 많았지? 그리고, 나를 태워줘서
고마웠다.'

  '그분'도 요세프도 마치 오래된 친구처럼 서로를 향
해 미소를 지었다.

"아니에요. 저도 기분이 좋았어요."

'안나가 많이 아프지?'

'안나?' 그러고 보니 요세프의 어머니 이름이 안나였다. '그분'은 그것까지 알고 있었다. 요세프는 놀라운 표정으로 그를 바라보았다.

"어? 어떻게 그걸 아세요?"

그는 요세프의 목에 그때까지 매여 있던 줄을 풀며 천천히 말했다.

'이젠 괜찮을 거야. 어서 집으로 돌아가서 네 어머니를 잘 보살펴 드리렴.'

"예? 정말요? 정말요?"

그는 요세프의 목을 다시 한 번 세차게 쓰다듬고는 몸을 일으켰다. 그리고는 손가락으로 동쪽을 가리켰다.

'이쪽 방향으로 가면 빠르고 안전하게 돌아갈 수 있을 거야. 사람에게 붙잡히지 않도록 있는 힘껏 뛰어가거라. 어디로 가야할지 모를 때는 바람을 따라가거라. 알았지?'

요세프는 놀라움으로 입을 벌린 채 고개를 세차게

끄덕였다. 몸을 돌리려는 '그분'을 향해 요세프가 다급
하게 말했다.

"호… 혹시, 야후웨님이신가요? 맞죠? 그렇죠?"

요세프는 놀라움에 펄쩍거렸지만, 그는 대답 없이 그
저 미소만 지었다. 요세프는 그에게 더욱 다가서며 말
했다.

"야후웨님은 아주 무서운 분이시라고 하던데요…"

그는 고개를 저었다.

'그렇지 않아… 절대… 그렇지 않단다. 그분의 마음을 그 누가 온전히 이해하겠니. 우리는 그분의 아주 작은 조각만 볼 수 있을 뿐이란다.'

"야후웨님을 만나려면 누가 대신 죽어야 한다던데요…"

그의 미소에는 변함이 없었지만 깊은 슬픔이 스며들었다.

'그래, 지금까지는 그랬지. 하지만 이제, 이제 더 이상은… 그럴 필요가 없을 거야… 누구든 바로 야후웨님과 만날 수 있고, 그분께 기도할 수 있단다.'

"정말요? 정말요?"

그는 해맑게 웃으며 고개를 끄덕였다. 요세프는 감격에 찬 얼굴로 그를 올려다보았다. 그와 대화하는 시간이 마치 영원 같았다.

'이제, 가야겠구나. 만나서 반가웠다, 요세프. 안나에게도 안부를 전해주렴…'

요세프는 가슴이 뜨거워지고 행복해져서 눈물이 났다. 이 눈물은 여기까지 오면서 흘렸던 눈물과는 달랐다. 요세프는 떠나려는 그에게 마지막으로 다가서며 물었다.

'어, 어디로 가시는데요?'

그는 요세프의 질문이 기특하다는 듯 요세프를 사랑스럽게 내려다보며 말했다.

'내가 가야 할 곳이 있단다. 아버지께서 가라고 하신 곳이지. 그리고… 내가 죽어야 할 곳이기도 하고…'

'죽어야 할 곳'이라는 말을 듣자 요세프는 다시 무서워졌다.

'예? 죽어야 할 곳이요? 왜 죽어요? 왜요?'

그는 아무 말이 없었다. 그저 슬프지만 평안한 미소를 머금은 채, 얕은 한숨을 내쉬었다. 그리곤 천천히 등을 돌려 성전을 향하여 걸어갔다.

공중에는 더 많은 독수리들이 맴돌고 있었다.

요 세 프

　요세프는 '그분'이 야후웨인지 아닌지 알 수 없었다.

　그림신 산 근처, 우물가에서 만난 여인에게 찾아왔다
던, 그 사람인지는 더더욱 알 수 없었다.

　그리고 그때, 왜 '죽음의 기운이 넘쳐단다'했던 조슈
아 아저씨의 말이 생각났는지도 이해할 수 없었다.

　그분이 '죽어야 할 곳'으로 가야한다고 했을 때 왜

그림신산의 미쳐버린 양 아저씨가 떠올랐는지도 이해할
수 없었다.

그분이 십자가 모양의 형틀에 달려 끔찍하게 죽을
것이라는 것도 결코 알 수 없었다.

그것이 야후웨와 이 세상을 화해시킬 유일한 방법이
라는 것도 알 수 없었다.

그리고 인간들이 '성서'라고 부르는 책에 자신의 이
야기가 기록되리란 것도 절대 알지 못했다.

그저 어린 나귀, 요세프는 고향을 떠났고, 친구들을
만났으며, 그분을 태웠고, 그분과 대화했으며, 다시 고
향으로 돌아가면 건강해진 어머니가 자신을 기다리고
있을 것이란 사실만 확실히 알 수 있을 뿐이었다.

끝

"모든 것에는 그 모든 것의 이유가 있습니다."

예수님이 예루살렘 성으로 들어가실 때 '아무도 타지 않은 어린 나귀 하나'를 지목했습니다. 왜 굳이 그러셨을까 하는 생각이 들었습니다. 마치 오래 전부터 예정해 놓은 것처럼 말입니다. 그 어린 나귀에게는 도대체 어떤 사연이 있었을까를 생각해 보았습니다. 그것이 '어린 나귀, 요세프'의 시작이 되었습니다.

예수님은 말씀하셨습니다. "내일 있다가 오늘 아궁이에 던질 들풀도 하나님께서 입히시고", "공중의 새들도 천부께서 기르시며", "새 한 마리라도 천부의 허락 없이는 땅에 떨어지지 않는다"고 말입니다. 하물며, 우리의 어린 나귀, 요세프는 예루살렘에 입성하시는 예수님을 태울 '역사적, 종교적 사명'을 타고 이 땅에 태어났습니다. 하나님은 그 아이를 극진히 보살피고 철저히 준비시켜야 하지 않았을까 하는 생각을 하게 된 것입니다. 아무도 타지 않아야 하는 어린 나귀이지만, 어른 한 명을 태워야 할 만큼 튼튼한 다리는 물론, 온유하고 참을성 있는 성품도 소유하고 있어야 합니다. 그리고 정확한 시간에, 적절한 장소에서 '대기'하고 있어야 합니다. 그 모든 '미션'을 우리의 어린 나귀, 요세프는 완벽히 수행해야 하는 것이었습니다.

'우리의 어린 나귀, 요세프'는 고향을 떠나 낯선 곳을 여행하며 많은 친구들을 만나고 많은 대화를 나눕니다. 그 과정을 통해 야후웨(아훼, 여호와)라는 이름의 유일신에 대해서 알아가게 됩니다. 때로는 상처도 받고 절망도 하게 되지만 특유의 친화적이고도 긍정적인 태도로 잘 이겨냅니다.

'우리의 어린 나귀, 요세프'는 그 긴 여정을 통해 온유한 성품과 튼튼한 다리를 소유할 수 있게 됩니다. 그 과정은 일종의 '훈련'이었습니다. 그러한 훈련이 없었다면, 예수님의 예루살렘 입성장면은 엉망이 되었을지도 모릅니다.

'실망하지 않으려고 안간힘을 쓰는 요세프'를 보며 가슴이 뭉클하여졌습니다. 이 세상의 온갖 것들과 상황들은 우리를 절망하기에 딱 좋도록 움직이는 것 같습니다. "예루살렘으로 가는 것은 다 부질없는 짓"이라고 중얼거리는 뱀이 항상 우리 주위에 있는 것 같습니다. 하지만 그에 굴하지 않고 꿋꿋이 예루살렘으로 나아가는 '우리의 어린나귀, 요세프'의 모습은 오히려 작가인 내가 닮고 싶은 모습이기도 하였습니다.

*예수의 모든 대사는 작가의 창작입니다.